# Snel geld voor studenten.

# SNEL GELD VOOR STUDENTEN

Door: D.K. Hawkins
Serie "Snel Geld"
Versie 1.1 ~januari 2023
Gepubliceerd door D.K. Hawkins bij KDP
Copyright ©2023 door D.K. Hawkins. Alle rechten voorbehouden.

Niets uit deze uitgave mag worden verveelvoudigd, verspreid of overgedragen in enige vorm of op enige wijze, waaronder fotokopieën, opnamen of andere elektronische of mechanische methoden of via enig informatieopslag- of gegevenszoeksysteem zonder voorafgaande schriftelijke toestemming van de uitgevers, behalve in het geval van zeer korte citaten in kritische recensies en bepaald ander niet-commercieel gebruik dat door de auteurswet is toegestaan.

Alle rechten voorbehouden, inclusief het recht op gehele of gedeeltelijke reproductie in welke vorm dan ook.

Alle informatie in dit boek is zorgvuldig onderzocht en gecontroleerd op feitelijke juistheid. De auteur en uitgever geven echter geen garantie, expliciet of impliciet, dat de informatie in dit boek geschikt is voor elk individu, situatie of doel en aanvaarden geen verantwoordelijkheid voor fouten of weglatingen.

De lezer aanvaardt het risico en de volledige verantwoordelijkheid voor alle handelingen. De auteur is niet verantwoordelijk voor enig verlies of schade, hetzij gevolgschade, incidenteel, speciaal of anderszins, die kan voortvloeien uit de informatie in dit boek.

Alle afbeeldingen zijn vrij te gebruiken of gekocht van stockfotosites of vrij van royalty's voor commercieel gebruik. Ik heb me voor dit boek gebaseerd op mijn eigen waarnemingen en op vele verschillende bronnen, en ik heb mijn best gedaan om de feiten te controleren en de eer te geven waar die toekomt. In het geval dat materiaal is gebruikt zonder de juiste toestemming, neem dan contact met mij op zodat de vergissing kan worden gecorrigeerd.

*De informatie in dit boek dient uitsluitend ter informatie en is niet bedoeld als bron van advies of kredietanalyse met betrekking tot het gepresenteerde materiaal. De informatie en/of documenten in dit boek vormen geen juridisch of financieel advies en mogen nooit worden gebruikt zonder eerst een financiële professional te raadplegen om te bepalen wat het beste is voor uw individuele behoeften.*

*De uitgever en de auteur geven geen enkele garantie of andere belofte met betrekking tot de resultaten die kunnen worden verkregen door het gebruik van de inhoud van dit boek. U mag nooit een investeringsbeslissing nemen zonder eerst uw eigen financieel adviseur te raadplegen en uw eigen onderzoek en due diligence uit te voeren. Voor zover wettelijk toegestaan wijzen de uitgever en de auteur alle aansprakelijkheid af in het geval dat informatie, commentaar, analyse, meningen, adviezen en/of aanbevelingen in dit boek onnauwkeurig, onvolledig of onbetrouwbaar blijken te zijn of resulteren in beleggings- of andere verliezen.*

*De inhoud van dit boek is niet bedoeld als en vormt geen juridisch advies of beleggingsadvies, en er wordt geen advocaat-cliënt relatie gevormd. De uitgever en de auteur verstrekken dit boek en de inhoud ervan op een "as is" basis. Uw gebruik van de informatie in dit boek is op eigen risico.*

# INHOUDSOPGAVE.

INHOUDSOPGAVE. ....................................................................... 3

INLEIDING. .................................................................................. 5

HOOFDSTUK 1: MANIEREN OM SNEL GELD TE VERDIENEN. ....... 8

1. ITEMS ONLINE VERKOPEN OP SITES ZOALS EBAY. ................... 8

2. MENTORSCHAP GEVEN IN EEN VAK WAARIN JE UITBLINKT. . 12

3. HANDGEMAAKTE AMBACHTEN OF PRODUCTEN VERKOPEN OP ETSY OF SOORTGELIJKE PLATFORMS. ................................... 15

4. JE STUDIEBOEKEN VERHUREN AAN ANDERE STUDENTEN. ... 19

5. EBAY-AUDITIES. ..................................................................... 22

6. DIERENOPPASDIENSTEN OF HONDENUITLAATSERVICES AANBIEDEN. ................................................................................ 26

7. KLUSJES DOEN VOOR MENSEN IN UW GEMEENSCHAP ......... 29

8. HET VERHUREN VAN EEN KAMER OF WONING OP AIRBNB. . 33

9. FREELANCE DIENSTEN AANBIEDEN. ...................................... 41

10. DEELNEMEN AAN BETAALDE FOCUSGROEPEN OF ENQUÊTES. .................................................................................. 45

11. UW FOTO'S VERKOPEN OP WEBSITES VOOR STOCKFOTOGRAFIE. .................................................................... 51

12. PERSOONLIJKE ASSISTENT OF EEN LOOPJONGEN. .............. 55

13. UW AUTO VERHUREN. ......................................................... 58

14. DEELNEMEN AAN KLINISCHE STUDIES OF MEDISCHE PROEVEN. ................................................................................... 62

15. VIRTUELE ASSISTENT DIENSTEN. ............................................ 67
16. UW GEBRUIKTE KLEDING OF ACCESSOIRES VERKOPEN. ....... 70
17. VERKOOP JE BIJLES OF LESGEVEN OP WEBSITES. ................ 73
18. FREELANCE SCHRIJVER OF REDACTEUR. .............................. 76
19. BETAALDE ONLINE MOGELIJKHEDEN EN MODELLENWERK. 79
20. ARTIKEL MARKETING. ............................................................. 82
21. MICROBANEN WEBSITES. ....................................................... 86
22. AFFILIATIEPROGRAMMA'S. ..................................................... 90
23. GOOGLE ADSENSE. .................................................................. 95
24. THUISWERKENDE TRANSCRIBENTEN. .................................... 99
25. BARTENDING. ........................................................................ 102
26. DEELNEMEN AAN BETAALDE STAGES OF LEERCONTRACTEN.
 ..................................................................................................... 105
27. FREELANCEN EN BANEN IN DE GIG-ECONOMIE. ............... 112
HOOFDSTUK 2: STAPPEN OM SNEL GELD TE VERDIENEN ....... 117
CONCLUSIE. ................................................................................. 122

# INLEIDING.

Ben jij een student die zijn leven wil verbeteren door snel geld te verdienen? Ik neem het je niet kwalijk, makker, want ik begrijp hoe financieel uitdagend studentenjaren kunnen zijn. Je kunt nu stoppen met je zorgen te maken, want ik zal je uitleggen hoe studenten snel geld kunnen verdienen zonder hun opleiding te verstoren.

Als je überhaupt bekend bent met het internet, en ik weet zeker dat je dat bent, ben je ongetwijfeld talloze advertenties tegengekomen voor online mogelijkheden om geld te verdienen. Helaas zijn de meeste daarvan frauduleuze plannen om uw geld te stelen.

Zoals u ongetwijfeld al weet, als iemand u verzekert dat u tienduizenden dollars kunt verdienen zonder te werken, probeert hij u op te lichten. Er zijn echter legitieme manieren om snel geld te verdienen zonder fulltime te werken.

Zoals u waarschijnlijk al weet, adverteren duizenden organisaties, van grote bedrijven tot kleine ondernemingen, op het internet. Deze bedrijven zijn meer dan blij om individuen die hen helpen met hun reclame-inspanningen te compenseren.

Daarom moet u een kleine inspanning leveren om dit snelle geld te verdienen, maar het is een relatief eenvoudige taak die niet veel van uw tijd vraagt.

Ik wou dat ik van deze mogelijkheid om geld te verdienen had geweten op de universiteit; het zou een wereld van verschil hebben gemaakt tijdens mijn jaren van onderwijs. Als u geïnteresseerd bent in deze eenvoudige manier om extra geld te verdienen, wilt u natuurlijk weten welke bedrijven het best betalen. Er is maar één antwoord op, dat je moet krijgen.

Als student kun je af en toe meer geld nodig hebben. Er zijn veel mogelijkheden voor studenten om snel geld te genereren, of ze nu studieboeken moeten betalen, huur, of gewoon wat meer bestedingsgeld willen. Dit boek onderzoekt verschillende mogelijkheden voor studenten die op zoek zijn naar extra inkomen. Ik bespreek vele efficiënte manieren om geld te verdienen, van deeltijdbanen op de campus tot freelance werk en gig economy gigs.

Een ding om te onthouden is dat niet iedereen deze oplossingen geschikt of toegankelijk zal vinden. Sommige vereisen gespecialiseerde kennis of ervaring, terwijl andere uitsluitend toegankelijk zijn in specifieke regio's. Voordat u zich committeert aan een kans, is het essentieel om de potentiële risico's en beloningen ervan grondig te evalueren.

Met dat in gedachten, laten we de vele mogelijkheden om snel geld te verdienen voor studenten onderzoeken.

Ik hoop dat deze bron nuttige informatie en ideeën oplevert terwijl u uw mogelijkheden om extra geld te verdienen onderzoekt.

Veel leesplezier.

# HOOFDSTUK 1: MANIEREN OM SNEL GELD TE VERDIENEN.

## 1. ITEMS ONLINE VERKOPEN OP SITES ZOALS EBAY.

Als student kun je dingen verkopen op online marktplaatsen zoals eBay of Poshmark om snel geld te verdienen. Dit is een uitstekend alternatief voor studenten met licht gebruikte kleding, accessoires en andere goederen die ze niet meer nodig hebben of gebruiken. U kunt een groot publiek bereiken en een aanzienlijke winst maken door deze spullen op een internetmarktplaats te zetten.

Om te beginnen moet u een verkopersaccount registreren op het platform van uw keuze. Deze procedure vereist normaal gesproken dat u persoonlijke informatie verstrekt, zoals uw naam en contactgegevens. Je moet ook een betalingsmechanisme instellen, zoals een PayPal-rekening, om de betaling van kopers te innen.

Is je account eenmaal aangemaakt, dan kun je beginnen met het te koop aanbieden van spullen. Zorg ervoor dat je afbeeldingen maakt van je spullen die goed verlicht zijn en dat je nauwkeurige, beschrijvende beschrijvingen geeft. Vermeld uw voorkeur voor betalings- en verzendingsopties en een eventueel terugbetalings- of omruilbeleid.

Een consistente klantenservice is essentieel voor uw succes als online verkoper. Dit houdt in dat u snel reageert op vragen, dat u open en transparant bent over uw beleid en dat u uw beloften aan klanten nakomt.

Ook moet u bereid zijn om verder te gaan dan uw neus lang is om te garanderen dat uw consumenten tevreden zijn met hun aankopen. Dit kan inhouden dat u meer informatie over het artikel en nieuwe foto's verstrekt of vragen van kopers beantwoordt.

Naast het verkopen van dingen die u niet meer wilt of nodig hebt, kunt u ook nagaan of u spullen kunt kopen bij kringloopwinkels, garageverkopen en andere bronnen. Zorg ervoor dat u voldoende onderzoek doet en alleen producten koopt die in goede staat verkeren en waarschijnlijk goed zullen verkopen. Dit is een goede manier om zeldzame of moeilijk te vinden producten te vinden die u met winst kunt doorverkopen.

U kunt uw verkoop op een online marktplaats ook verbeteren door uw aanbiedingen te optimaliseren voor zoekmachines. Dit houdt in dat u belangrijke trefwoorden opneemt in uw titels, beschrijvingen, tags en categorieën. Overweeg het gebruik van relevante hashtags op sociale media om uw aanbiedingen te adverteren en potentiële kopers aan te trekken.

Online producten verkopen zoals eBay of Poshmark kan een uitstekende optie zijn voor studenten om snel aan geld te komen. U kunt uw voorzichtig gebruikte producten omzetten in een winstgevende bijzaak door voortdurend een uitzonderlijke klantenservice te bieden en uw aanbiedingen te optimaliseren voor zoekopdrachten.

Of je nu spullen verkoopt die je niet meer nodig hebt of gebruikt of spullen vindt om door te verkopen, studenten die snel geld willen verdienen met internetverkoop hebben veel opties. Daarom is het een uitstekende optie voor studenten.

# 2. MENTORSCHAP GEVEN IN EEN VAK WAARIN JE UITBLINKT.

Als student kun je uitblinken in bepaalde vakken terwijl je op zoek bent naar methoden om extra geld te verdienen. Je kunt overwegen om bijles te geven in een vak waarin je uitblinkt.

Bijles kan een snelle manier zijn om snel geld te verdienen, vooral als je een onderwerp goed begrijpt en het goed kunt verwoorden en onderwijzen. Er zijn veel manieren om bijles te geven, en u kunt uw aanpak afstemmen op uw specifieke behoeften en doelstellingen.

Hier zijn enkele suggesties voor het starten van een carrière als mentor:

Bepaal uw sterke punten: in welke disciplines blinkt u uit? Zijn er bepaalde onderwerpen binnen deze disciplines waarin u zich zeer zeker voelt? Het identificeren van uw sterke punten kan u helpen om u te concentreren op de vakgebieden waarin u de meeste waarde kunt bieden als tutor.

Ontdek je beschikbaarheid: Bedenk hoeveel tijd je aan bijles kunt besteden. Bent u beschikbaar om een paar uur per week bijles te geven, of geeft u liever intensieve sessies? Als u uw beschikbaarheid bepaalt, kunt u uw bijlesdiensten zo gunstig mogelijk structureren.

Bepaal uw tarieven: Bepaal het bedrag dat u wilt vragen voor bijlessen. Denk eraan dat u genoeg moet vragen om uw tijd en werk te dekken en tegelijkertijd concurrerend te blijven met andere plaatselijke bijlesgevers. Overweeg ook om kortingen aan te bieden aan langdurige of terugkerende klanten.

Er zijn verschillende methoden om uw bijlesdiensten te promoten. U kunt adverteren op sociale media, flyers verspreiden op de campus, of contact opnemen met studenten via e-mail of persoonlijk. Overweeg lid te worden van een bijlesplatform, zoals TutorMe of Skooli, dat je kan helpen in contact te komen met potentiële klanten.

De sleutel tot het runnen van een succesvol bijlesbedrijf is het ontwikkelen van goede relaties met je klanten. Wees benaderbaar, beleefd en professioneel, en luister naar de behoeften en doelstellingen van uw klant. Als u een goede verstandhouding met uw klanten opbouwt, voelen zij zich meer op hun gemak en hebben zij meer vertrouwen in hun leerproces, wat leidt tot betere resultaten en meer geluk.

In het algemeen kan het geven van bijles in een vak waarin je uitblinkt een uitstekende optie zijn voor studenten om snel geld te verdienen. Door uw sterke punten te erkennen, uw beschikbaarheid te bepalen, uw prijzen vast te stellen, uw diensten bekend te maken en een goede verstandhouding met uw klanten op te bouwen, kunt u een succesvol bijlesbedrijf opbouwen dat u helpt uw financiële doelstellingen te bereiken. Daarom is dit een uitstekende aanpak voor studenten om geld te verdienen.

# 3. HANDGEMAAKTE AMBACHTEN OF PRODUCTEN VERKOPEN OP ETSY OF SOORTGELIJKE PLATFORMS.

Het verkopen van handgemaakte ambachten of producten op Etsy of andere soortgelijke websites kan een geweldige methode zijn voor studenten om snel geld te verdienen. Behalve dat je je creatieve vaardigheden kunt gebruiken, kun je ook je uren bepalen en werken op jouw tempo.

Voordat u een bedrijf begint, is het essentieel om onderzoek te doen en een plan te maken. Hier zijn enkele suggesties om u op weg te helpen:

Kies uw specialiteit: Bepaal het soort handgemaakte artikelen of producten dat u wilt aanbieden. Kies een niche waar je enthousiast over bent en ervaring in hebt. Het kan gaan om sieraden, woondecoratie, kleding of zelfs briefpapier.

Bepaal uw doelgroep: aan wie wilt u uw handwerk of producten verkopen? Houd rekening met leeftijd, geslacht, geografie en hobby's bij het identificeren van uw doelgroep.

Bepaal uw prijzen: Bepaal de prijs van uw ambachten of producten op basis van de tijd en materialen die nodig zijn om ze te vervaardigen en de marktvraag.

Ontwikkel een merk: Kies een naam en ontwerp een logo voor uw bedrijf. Denk na over het beeld dat je wilt overbrengen en hoe je klanten je zien.

Maak een verkopersaccount aan op Etsy of een gelijkwaardig platform en richt je winkel in. Maak een profiel aan, voeg producten en prijzen toe, en selecteer betaal- en verzendopties.

Het maken van foto's van hoge kwaliteit is essentieel voor het online verkopen van je handwerk of producten. Gebruik natuurlijke verlichting en een eenvoudige achtergrond en als uw budget het toelaat, kunt u overwegen een professionele fotograaf in te huren.

Gebruik beschrijvende taal om de aandacht van potentiële kopers te trekken en benadruk de unieke kwaliteiten van uw handwerk of producten bij het schrijven van productbeschrijvingen.

Zorg voor een uitzonderlijke klantenservice: Reageer onmiddellijk op vragen en wees bereid om een stap verder te gaan om klanttevredenheid te garanderen. Dit kan helpen om het vertrouwen en de loyaliteit van de klant te winnen.

Gebruik e-mailmarketing, sociale media en andere marketingtactieken om nieuwe klanten te werven en uw bedrijf te promoten.

Blijf studeren: Blijf je ontwikkelen als ondernemer en blijf op de hoogte van nichetrends. Dit kan uw bedrijf helpen concurrerend te blijven en zich te blijven ontwikkelen.

Het verkopen van handgemaakte ambachten of producten op Etsy of soortgelijke platforms kan een lonende en winstgevende methode zijn voor studenten om snel extra geld te verdienen. Je kunt je passie omzetten in een winstgevend bedrijf met de juiste mentaliteit en technieken.

## 4. JE STUDIEBOEKEN VERHUREN AAN ANDERE STUDENTEN.

Als student weet je hoe duur schoolboeken kunnen zijn. Door collegegeld, huur en andere kosten kan het moeilijk zijn om het benodigde lesmateriaal te betalen. Dit is waar het verhuren van studieboeken aan andere studenten om de hoek komt kijken. Niet alleen kan het u helpen een beetje meer geld te verdienen, maar het kan ook studenten helpen die proberen te betalen voor dure boeken.

Hoe kunt u uw studieboeken aan andere studenten verhuren? Hier zijn enkele stappen om u te helpen aan de slag te gaan:

Verzamel je boeken: Inventariseer alle teksten van vorige semesters en huidige lessen. Maak een lijst met de titels, auteurs en editienummers zodat je ze gemakkelijk kunt terugvinden wanneer je de boeken gaat huren.

Een van de meest essentiële onderdelen van het verhuren van studieboeken is het bepalen van de huurprijs. Begin met het onderzoeken van de huidige marktwaarde van je studieboeken om de waarde ervan te bepalen. Je kunt ook prijzen vergelijken in de boekwinkel van je school of op websites als Amazon en eBay. Vergeet niet dat je een prijs wilt bieden die niet alleen concurrerend is, maar ook winstgevend.

Zodra je de prijs hebt bepaald die je voor je studieboeken wilt vragen, is het tijd om een listing te maken. Veel websites en platforms zijn gewijd aan de verhuur van studieboeken, zoals TextbookRush en CampusBookRentals. Registreer je gewoon, vermeld je studieboeken en kies de huurprijs. Vermeld grondig de staat van je boeken en eventuele opmerkingen of markeringen.

Zodra uw advertenties live zijn, is het tijd om te beginnen met de marketing ervan aan andere studenten. U kunt dit doen met behulp van sociale media, brochures over de campus, of gewoon door uw medestudenten en kennissen te wijzen op uw verhuurdiensten. Hoe meer mensen op de hoogte zijn van uw verhuur, hoe groter de kans dat u huurders vindt.

Het is essentieel om het verhuurproces efficiënt te beheren zodra u een huurder heeft gevonden. Zorg ervoor dat uw huurders de huurvoorwaarden kennen, inclusief de vervaldatum en eventuele boetes voor te late betaling. U kunt ook overwegen een huurovereenkomst te gebruiken om de huurvoorwaarden expliciet te beschrijven en uzelf te beschermen tegen mogelijke problemen.

Je studieboeken verhuren aan andere studenten is een fantastische manier om extra geld te verdienen en tegelijkertijd je vrienden te helpen. Met een beetje moeite en organisatie kun je van je ongebruikte studieboeken snel een lucratieve bijverdienste maken.

# 5. EBAY-AUDITIES.

eBay is ongetwijfeld de grootste marktplaats, met meer dan 212 miljoen geregistreerde gebruikers en 19 miljoen te koop aangeboden objecten. Zoek een intrigerend object, zet het te koop met een startprijs en zie hoe de magie zich ontvouwt.

In slechts twee dagen tijd kunt u enorme voordelen behalen. Daarom is eBay een van de beste opties voor studenten om inkomsten te genereren. Elke student kan goed op weg zijn naar een parttime inkomen of zelfs een fulltime bedrijf met slechts een paar stappen en de juiste mate van doorzettingsvermogen.

Iemand zal wat kostbaar afval hebben liggen. Voordat je te enthousiast wordt, moet je eerst een product aanschaffen. Als je op de universiteit zit, heb je toegang tot veel gratis middelen. Elke student staat altijd te popelen om snel geld te verdienen, dus onderzoek studenten prikborden en informeer bij de plaatselijke bevolking. Probeer het plaatsen van advertenties op Craigslist of MySpace, deze sites zijn uitstekend voor het vinden van ongewenste dingen.

Als u gebruik maakt van drop shipping, streven ernaar om uw overheadkosten te beperken. Ook kunt u onderzoeken garage verkoop, kringloopwinkels, en zelfs kerk rommel verkoop en als je in hoge nood, overwegen websites zoals Overstock.com (een korting website) en Doba.com (een groothandel dropshipping site). Deze sites vragen extreem hoge kosten voor hun diensten, waardoor het uiterst moeilijk is om winst te maken.

Vervolgens moet je een eBay-verkopersaccount aanmaken. eBay vereist dat je zowel een kopers- als een verkopersaccount aanmaakt om te kunnen verkopen. Voer de vereiste persoonlijke gegevens in, een geldig e-mailadres en een creditcardnummer of bankrekening om je identificatie te valideren, en je bent klaar.

U moet een PayPal-rekening registreren, zelfs als u uw betaalmethode kunt kiezen. Het is de primaire manier van betalen op eBay. Zodra je account is voorbereid, kun je beginnen.

De meeste eBay-verkopers omschrijven het aanbieden van producten als een kunst en een wetenschap. Wie al vertrouwd is met HTML voor sites als MySpace, zal eenvoudig advertenties kunnen maken. Als je echter niet vertrouwd bent met codering, biedt eBay een HTML-editor die eenvoudig te gebruiken is. In plaats van te vertrouwen op eBay's verbeterde diensten, raad ik aan zoveel mogelijk HTML te gebruiken om de visuele aantrekkingskracht van je advertentie te verbeteren.

De diensten van eBay zijn nuttig voor het juiste object, maar kunnen in de loop der tijd flink oplopen. Probeer je afbeeldingen te uploaden naar een gratis website voor het hosten van afbeeldingen, zoals imageshack.us of freeimagehosting.net, en neem de link op in je HTML. Zo kun je veel afbeeldingen gebruiken zonder een duur eBay-afbeeldingenpakket aan te schaffen.

De laatste stappen zijn het invoeren van de prijsvoorwaarden, verzendingsvoorwaarden en veilingduur. Wees niet ontmoedigd als er de eerste paar dagen geen bieders zijn; de meeste bieders plaatsen hun bod graag in de laatste 24 uur. Meestal is deze periode hectisch, dus probeer de transactie te verzachten met andere prikkels. Ontspan u gewoon en laat de klanten naar u toe komen.

# 6. DIERENOPPASDIENSTEN OF HONDENUITLAATSERVICES AANBIEDEN.

Als u graag tijd doorbrengt met dieren en op zoek bent naar een eenvoudige manier om snel geld te verdienen, kan oppassen en honden uitlaten uw ideale beroep zijn. Vooral in grootstedelijke gebieden waar mensen de tijd of vaardigheid missen om hun huisdieren routinematig uit te laten, is er veel vraag naar deze diensten. Hier zijn enkele suggesties voor het starten van een bedrijf in oppassen of uitlaten van huisdieren:

Richt u zich op drukke professionals die iemand nodig hebben om hun hond overdag uit te laten? Of wilt u vakantievierende huisdiereigenaren 's nachts dierenverzorging bieden? Als u uw doelgroep kent, kunt u uw marketinginspanningen concentreren en uw prijzen bepalen.

Bepaal uw tarieven: Bepaal de prijs die u voor uw diensten in rekening brengt. Houd rekening met uw ervaring, het aantal dieren dat u verzorgt en de duur van uw verblijf. Houd rekening met je eigen tijd en kosten, zoals transportkosten.

Overweeg de aanschaf van een aansprakelijkheidsverzekering om jezelf en je bedrijf te beschermen tegen ongelukken of verwondingen. Zoals bij elk bedrijf is het essentieel om een professionele uitstraling te creëren. Dit kan een website, visitekaartjes en een logo inhouden.

Er zijn vele methoden om uw pet-sitting of hond uitlaten bedrijf te promoten. U kunt potentiële klanten benaderen via sociale mediasites zoals Facebook, Instagram, lokale kranten en prikborden. Je zou ook contact kunnen opnemen met lokale dierenwinkels en dierenartsen om te zien of ze bereid zijn om flyers te plaatsen of klanten voor te stellen.

Het opbouwen van een goede verstandhouding met je klanten is van vitaal belang voor het succes van je dierenoppas- of hondenuitlaatservice. Kom op tijd en houd je aan de instructies of procedures die de eigenaar van het huisdier heeft opgesteld. Het is ook een goed idee om uw klanten te voorzien van updates en beelden terwijl ze weg zijn om hen gemoedsrust te geven.

Als u eenmaal een stabiele klantenkring hebt opgebouwd, kunt u proberen uw aanbod uit te breiden. Dit kan inhouden dat u diensten aanbiedt zoals hondenverzorging of -training en een dierenoppas of hondenuitlaatservice voor katten of vogels.

Pet sitting en dog walking kunnen winstgevende en lonende bedrijven zijn voor studenten. Door u aan deze richtlijnen te houden, kunt u een winstgevend en duurzaam bedrijf creëren waarmee u iets kunt doen waar u van geniet, terwijl u een ander inkomen verdient.

# 7. KLUSJES DOEN VOOR MENSEN IN UW GEMEENSCHAP.

Als student is het hebben van een kleine hoeveelheid snel geld meestal gunstig. Klusjes aanbieden aan mensen in je buurt is een manier om snel geld te verdienen. Deze taken kunnen bestaan uit tuinonderhoud, sneeuwschuiven en schoonmaken.

Gazononderhoud is een behoefte in veel gemeenschappen, vooral tijdens de warmere maanden. Mensen die geen tijd of energie hebben om hun gazon te onderhouden, kunnen bereid zijn om iemand voor hen in te huren.

Als je van het buitenleven houdt en aanleg hebt voor tuinieren, kan dit een uitstekende manier zijn om snel geld te verdienen. U kunt maaien, trimmen, randen bijwerken en onkruid bestrijden.

In de winter is sneeuwschuiven een andere baan waar veel vraag naar is. Als u woont in een locatie met aanzienlijke sneeuwval, kunt u aanzienlijk geld verdienen scheppen buren 'opritten en trottoirs. Dit geldt vooral als je een betrouwbare sneeuwblazer of andere apparatuur om het proces te versnellen bezit.

Schoonmaken is een andere dienst waarvoor veel mensen bereid zijn te betalen, vooral als ze het te druk hebben om het zelf te doen. U kunt bieden algemene schoonmaak organiseren en diepe schoonmaak diensten. Overweeg het aanbieden van speciale diensten zoals tapijtreiniging en glazenwassen.

Bij het aanbieden van klusjes in uw gemeente is het essentieel om professioneel, betrouwbaar en persoonlijk te zijn. Zorg voor duidelijke communicatie met uw klanten over uw beschikbaarheid en diensten. Ook moet u bereid zijn om samen met uw klanten een plan te ontwikkelen dat past bij hun behoeften en budget.

Een aanpak om uw klussen te onderscheiden is door concurrerende prijzen te bieden. Overweeg kortingen aan te bieden voor terugkerende of doorverwezen klanten na onderzoek naar de prijzen voor soortgelijke diensten in uw regio. U kunt ook overwegen pakketten of bundels te verkopen om het klanten gemakkelijker te maken veel diensten tegelijk af te nemen.

U kunt een consistente workflow hebben door uitstekende relaties met uw klanten te onderhouden. Ook kunt u zich onderscheiden door boven uw klantenkring uit te stijgen. Dit kan betekenen dat u andere activiteiten uitvoert die niet in uw oorspronkelijke contract waren opgenomen, of dat u gewoon openstaat voor de wensen en zorgen van uw klant.

Tot slot is het essentieel om veiligheid voorop te stellen bij het aanbieden van klusjes. Volg de juiste veiligheidsprocedures en draag zo nodig beschermingsmiddelen. Bovendien is het verstandig om een aansprakelijkheidsverzekering af te sluiten voor ongevallen of verwondingen op de werkplek.

Klusjes als gazononderhoud, sneeuwruimen en schoonmaken kunnen voor studenten een fantastische manier zijn om snel geld te verdienen. Professionaliteit, betrouwbaarheid en vriendelijkheid zullen u toelaten om een winstgevend bedrijf te ontwikkelen en vitale diensten te leveren aan de gemeenschap.

# 8. HET VERHUREN VAN EEN KAMER OF WONING OP AIRBNB.

Airbnb, een bekend platform waarmee particulieren hun huis of kamer kunnen verhuren aan gasten, is een optie om te onderzoeken. Airbnb is een methode voor studenten om extra geld te verdienen en wereldwijd nieuwe mensen te ontmoeten.

Als student heeft Airbnb veel voordelen. De vrijheid die bij het verhuren hoort is een van de grootste voordelen. Als je een druk schema hebt, kun je zelf bepalen wanneer je je woning beschikbaar stelt en hoe vaak je verhuurt. Verhuren op Airbnb kan ook een uitstekende gelegenheid zijn om nieuwe mensen te ontmoeten en nieuwe culturen te ontdekken. Bovendien is er de mogelijkheid om extra geld te verdienen, wat vooral gunstig kan zijn voor studenten.

Als u als student geïnteresseerd bent in het verhuren op Airbnb, zijn er een paar stappen die u moet nemen om te beginnen. Ten eerste moet u een profiel aanmaken op de Airbnb website. Dit houdt in dat u een advertentie maakt voor uw ruimte, compleet met afmetingen, voorzieningen en locatie-informatie. U moet ook beslissen over een redelijke prijs voor uw advertentie, rekening houdend met de kosten van levensonderhoud op uw locatie en de vraag naar verhuur.

Zodra uw advertentie live is, zijn er enkele methoden die u kunt gebruiken om een succesvolle verhuurder te worden. Het onderhouden van een schone en goed onderhouden omgeving is een van de meest essentiële taken. Dit zal helpen bij het aantrekken van gasten en het verzekeren van hun tevredenheid.

Het is ook essentieel om te reageren op de eisen van gasten en om effectieve communicatie tot stand te brengen. Dit kan betekenen dat u vragen beantwoordt over uw locatie en de omliggende regio en beschikbaar bent om eventuele problemen aan te pakken.

Airbnb kan een geweldige kans zijn om snel geld te verdienen en nuttige ervaring op te doen, maar er zijn ook mogelijke problemen waar u rekening mee moet houden. Het integreren van verhuur verantwoordelijkheden met schoolwerk kan een van de grootste obstakels zijn. U moet voldoende tijd besteden aan zowel uw studie als uw verhuurtaken. U moet ook bereid zijn om de verwachtingen van uw gasten te managen en met mogelijke problemen om te gaan.

Het volgen van lokale wetten en regels is een van de belangrijkste factoren om te overwegen als student Airbnb verhuurder. Het is essentieel om op de hoogte te zijn van lokale wet- en regelgeving over korte termijn verhuur, zoals bestemmingsplannen en vereisten voor bedrijfsvergunningen. Sommige plaatsen kunnen het aantal dagen dat een woning per jaar mag worden verhuurd beperken of vereisen dat verhuurders hun advertenties registreren bij de gemeente of provincie.

Naast het naleven van lokale wet- en regelgeving, moet u op de hoogte zijn van alle regels en voorschriften die door uw verhuurder of huiseigenarenorganisatie zijn opgesteld. Voordat u op Airbnb gaat verhuren, kunt u toestemming nodig hebben van uw verhuurder als u een appartement huurt of in een studentenhuis woont. Ook als u in een gemeenschap woont die wordt bestuurd door een vereniging van huiseigenaren, kan van u worden verlangd dat u zich aan bepaalde verhuurregels houdt.

Het beheren van uw financiën is een ander essentieel aspect als u als student op Airbnb verhuurt. Het bijhouden van uw inkomsten en uitgaven en het opzij zetten van een deel van uw inkomsten voor belastingen is essentieel. Op sommige locaties int en betaalt Airbnb belasting namens haar verhuurders, maar u moet altijd een belastingadviseur raadplegen om ervoor te zorgen dat u voldoet aan alle toepasselijke belastingregels.

Ten slotte is het essentieel om de risico's van Airbnb verhuur te kennen. Hoewel het platform voorzorgsmaatregelen heeft genomen om de veiligheid van haar verhuurders en bezoekers te waarborgen, is er altijd de mogelijkheid van schade aan eigendommen of persoonlijk letsel.

Om deze gevaren te beperken is het raadzaam om een duidelijke set huisregels op te stellen en uit te leggen aan uw gasten. U kunt uzelf en uw eigendom ook beschermen door een verzekering af te sluiten.

Studenten kunnen extra geld verdienen en essentiële ervaringen opdoen door te verhuren op Airbnb. U kunt een succesvolle en plezierige verhuurervaring hebben door u te houden aan de lokale regels en voorschriften, uw fondsen te beheren en u bewust te zijn van de risico's.

Als Airbnb verhuurder heeft u de kans om mensen van over de hele wereld te ontmoeten en mogelijk langdurige relaties op te bouwen. U kunt ook uw prijzen en beschikbaarheid bepalen om te bepalen wanneer en hoeveel u wilt verdienen.

Voordat u kunt beginnen met de verhuur van uw woning op Airbnb, moet u het volgende overwegen:

Afhankelijk van waar u woont, kunnen er specifieke wetten en beperkingen gelden voor verhuur op korte termijn. Zorg ervoor dat u op de hoogte bent van alle toepasselijke wetten en ontvang alle essentiële vergunningen of licenties.

Als er iets misgaat tijdens het verblijf van een gast, is het essentieel om de juiste verzekeringsdekking te hebben. Airbnb's Verhuurders Garantie dekt tot $1.000.000 aan verliezen. Het kan echter verstandig zijn om extra verzekeringsopties te onderzoeken.

Het opzetten van uw advertentie: Een goed geschreven en visueel aantrekkelijke advertentie is een van de belangrijkste onderdelen om gasten aan te trekken. Wees open en eerlijk over de diensten en verwachtingen die u heeft voor uw gasten. Voeg foto's toe van uw locatie en een grondige uitleg van de voorzieningen die u aanbiedt.

Bepaal een redelijke prijs voor uw ruimte op basis van de locatie, grootte en voorzieningen. Vergeet niet dat Airbnb een deel van uw verdiensten meeneemt, dus zorg ervoor dat u de prijs dienovereenkomstig vaststelt. U kunt ook kortingen aanbieden voor langere verblijven of last-minute reserveringen om de kans op het vullen van uw agenda te vergroten.

Effectieve communicatie met uw Airbnb gasten is essentieel voor een positieve ervaring. Overweeg een handleiding op te stellen met informatie over uw woning en eventuele regels of verwachtingen voor bezoekers. Reageer snel op vragen en zorg ervoor dat de toegangsinstructies duidelijk zijn.

Het onderhouden van een schone en verzorgde omgeving is essentieel voor het aantrekken en behouden van klanten. Maak voor en na het verblijf van elke gast een grondige schoonmaak en overweeg extra's zoals schoon beddengoed en handdoeken.

Veiligheid: De veiligheid van uw gasten is van het grootste belang. Overweeg een EHBO-kit aan te bieden en ervoor te zorgen dat uw faciliteit is uitgerust met rookmelders. U kunt ook een lockbox of slim slot aanschaffen om de toegang van gasten tot uw ruimte te vergemakkelijken.

Als student kunt u met succes en winstgevend een kamer verhuren op Airbnb door u aan de bovengenoemde richtlijnen te houden en een vriendelijke en ontvankelijke verhuurder te zijn. U zult niet alleen snel geld kunnen verdienen, maar ook de kans hebben om intrigerende mensen te ontmoeten en misschien duurzame relaties op te bouwen.

# 9. FREELANCE DIENSTEN AANBIEDEN.

Een van de eenvoudigste manieren voor studenten om snel geld te verdienen is door het leveren van freelance diensten in een talent dat ze bezitten. Of het nu gaat om schrijven, grafisch ontwerp of social media management, mensen en bedrijven zijn altijd op zoek naar getalenteerde personen om te helpen met hun initiatieven.

Flexibiliteit is een van de voordelen van het leveren van onafhankelijke diensten. U kunt de projecten kiezen waaraan u wilt werken en uw tijdschema bepalen, zodat u uw werk kunt combineren met uw opleiding en andere verplichtingen.

Bovendien kan freelance werk een uitstekende methode zijn om ervaring op te doen en een portfolio op te bouwen, wat vooral gunstig kan zijn voor studenten die na hun afstuderen in een bepaalde sector willen gaan werken.

Er zijn een paar maatregelen die je kunt nemen om aan de slag te gaan als je overweegt om freelance diensten te gaan verlenen. Denk eerst na over de vaardigheden die je bezit en het soort carrière dat je interesseert.

Ben je een effectieve schrijver?

Heb je het vermogen om esthetisch aantrekkelijke graphics te maken?

Heb je ervaring met het beheren van social media accounts?

Nadat je hebt vastgesteld wat je sterke punten zijn, is het tijd om te beginnen met het samenstellen van je portfolio. Dit kan voorbeelden bevatten van je eerdere werk en relevante cursussen en projecten.

Er zijn veel mogelijkheden om freelance werk te vinden. Eén mogelijkheid is om een profiel aan te maken op een freelance platform, zoals Upwork, Fiverr of Freelancer. Op deze platforms kun je bieden op opdrachten en in contact komen met internationale klanten. U kunt ook rechtstreeks contact opnemen met lokale bedrijven en particulieren om uw diensten aan te bieden. Vrienden, familieleden en klasgenoten kunnen ook nuttige bronnen zijn voor het vinden van freelance opdrachten.

Bij het werken met klanten is het essentieel om betrouwbaar en professioneel te zijn. Dit omvat het vaststellen van duidelijke doelstellingen en tijdschema's en het voortdurend communiceren en produceren van werk van hoge kwaliteit. Daarnaast is het verstandig om een contract op te stellen om u en uw klant te beschermen. Hierin kunnen de omvang van het project, de betalingsvoorwaarden en andere elementen waarover overeenstemming moet worden bereikt, worden opgenomen.

Je moet rekening houden met de financiële gevolgen van freelancen en de praktische zaken. Als student kun je een krap budget hebben, dus het is essentieel om je uitgaven in de gaten te houden en je diensten dienovereenkomstig te prijzen. Aangezien alle zelfstandigen verantwoordelijk zijn voor het betalen van hun belastingen, kan het voordelig zijn om een percentage van hun inkomsten hiervoor opzij te zetten.

Het leveren van freelance diensten kan een geweldige methode zijn voor studenten om snel geld te verdienen terwijl ze ervaring opdoen en hun talenten ontwikkelen. U kunt uw vaardigheden omzetten in een welvarend freelance bedrijf met een beetje organisatie en inspanning.

# 10. DEELNEMEN AAN BETAALDE FOCUSGROEPEN OF ENQUÊTES.

De eerste prioriteit van elke student is de studie. Dat moet het altijd zijn en nooit iets anders. Er zullen echter momenten zijn waarop je twee rollen moet spelen: student en parttime werknemer. Dit is waar de moeilijkheden van het student zijn zich manifesteren.

Er zijn legitieme manieren om geld te verdienen met deelname aan enquêtes, maar de belangrijkste vraag is waarom studenten dit aanbod serieus zouden moeten overwegen. De volgende uitleg zal uitleggen waarom:

Eerst en vooral is het een beroep dat studenten kunnen uitoefenen. Het is zo eenvoudig dat je het thuis kunt doen, weg van je baas en collega's. Ook vereist het geen overdreven verplichtingen en inzet van uw kant.

Je hebt de mogelijkheid om deel te nemen aan enquêtes of niet. Je vult gewoon enquêtes in als je er zin in hebt en laat ze schieten als je er geen zin in hebt. Dat is alles! Je kunt werken wanneer het jou het beste uitkomt, en als je het niet leuk vindt om onderzoeken in te vullen, kun je ze overslaan.

Ten tweede bieden betaalde enquêtes voor studenten een beter rendement dan een typische baan in de omgeving van de studentenstad. Als je erover nadenkt, zul je begrijpen dat het afnemen van betaalde enquêtes meer betaalt dan het minimumloon.

Ondanks het grillige karakter en de wisselende verdiensten van de baan, wordt het toch beschouwd als een ideale functie voor een student zoals jij. Fulltime werk vinden in de echte wereld zou moeilijker zijn als je slechts een paar uur per week aan je parttime baan besteedt. Daarom biedt een online betaalde enquête meer voordelen.

Naast het verdienen van geld met ingevulde enquêtes, hebben studenten die deelnemen aan betaalde enquêteprogramma's ook de mogelijkheid om gecompenseerd te worden voor het testen van producten. U kunt denken dat organisaties die producttesten in hun diensten opnemen niet genoeg betalen, maar u moet deze vooruitzichten positief bekijken.

Sommige marktonderzoeksbureaus staan producttesten toe, en deze producten zijn nauw verwant aan de producten die te koop zijn. Deze producten zijn onder meer snacks, make-up en haarproducten.

Na de bovenstaande uitleg zal waarschijnlijk de vraag naar de inkomsten opkomen. Hoeveel verdien je met betaalde enquêtes?

Door de beschikbaarheid van oplichting met betaalde studentenenquêtes is het moeilijk te bepalen of je een aanzienlijk bedrag zult verdienen. Deze frauduleus betaalde studentenenquêtes mogen de vooruitgang echter niet belemmeren. Er is nog steeds een groot aantal legitieme en snel betalende online enquêteorganisaties.

Inschrijven bij meerdere betaalde enquête organisaties is de sleutel tot het maken van een fortuin met dit soort zaken. Aangezien de meeste bedrijven slechts een minimale hoeveelheid werk leveren, is het verstandig om u bij zoveel mogelijk betaalde enquêtebedrijven in te schrijven. U mag echter nooit nalaten de volledige verantwoordelijkheid voor uw werk op u te nemen.

Hoe wordt u nu toegelaten? U moet weten dat de mogelijkheid om deel te nemen aan online betaalde enquêtebedrijven gepaard gaat met een uitzondering. Voordat u wordt toegelaten, moet u vragen invullen om te bepalen of u aan de demografische vereisten voldoet. Zo ja, dan kunt u beginnen met deelnemen aan enquêtes. Vergeet niet dat u niet altijd in aanmerking komt voor deelname aan betaalde enquêtebedrijven.

Er zullen altijd regels en uitzonderingen zijn, dus het bijhouden van uw profiel is essentieel. Er zijn bedrijven met extreem strenge aanwervingsnormen, en het bijhouden van een sterke en indrukwekkende staat van dienst zal je helpen om telkens weer te worden aangenomen.

Betaalde enquêtes voor studenten zijn de gemakkelijkste en meest handige methode om net genoeg geld te verdienen terwijl je het meeste haalt uit je vrije tijd op school als je het vanuit verschillende perspectieven bekijkt.

Door je in te schrijven bij meerdere online betaalde enquête organisaties kun je meerdere inkomstenstromen genereren. Wat een fantastische bijbaan om je studie en andere persoonlijke verantwoordelijkheden te ondersteunen!

Betaalde enquêtes voor studenten bieden verschillende uitbetalingsmethoden. Sommige bedrijven vereisen dat elke werknemer een Pay Pal-rekening heeft. Andere bedrijven zetten punten om in cadeaubonnen, koopwaar en andere zaken.

Zoals met elke online baan, zullen er altijd betaalde studenten enquêtes oplichting zijn. Er zijn veel meldingen gedaan over deze oplichters, en ze worden allemaal geregistreerd. Er zijn nog steeds honderdduizenden authentieke online betaalde enquêtes beschikbaar; je hoeft alleen maar te zoeken.

Er zullen altijd frauduleuze betaalde studentenenquêtes zijn, maar dat mag je er niet van weerhouden om ze te maken. Dit is misschien geen "get-rich-quick" schema, maar weten dat je net genoeg geld verdient met dit soort werk is nog steeds een goed idee.

U moet beseffen dat er op dit gebied geen garanties zijn. Succes wordt beoordeeld aan de hand van hoe goed iemand aanwijzingen opvolgt en de volledige verantwoordelijkheid voor de taak op zich neemt. Onvolledige enquêtes zijn een no-no. Zorg er altijd voor dat u uw taken effectief uitvoert.

# 11. UW FOTO'S VERKOPEN OP WEBSITES VOOR STOCKFOTOGRAFIE.

Uw foto's verkopen op websites voor stockfotografie is een manier om uw fotografiehobby te gelde te maken. Stockfotografie verwijst naar de verkoop van professionele beelden die geschikt zijn voor marketingmateriaal, websites en publicaties.

Er is altijd vraag naar een grote verscheidenheid aan foto's, van landschappen en natuurscènes tot stadsgezichten en portretten. Websites voor stockfotografie geven fotografen een platform om hun werk te verkopen aan klanten over de hele wereld.

Als u geïnteresseerd bent in het verkopen van uw foto's op stockfotografie websites, zijn hier een paar tips om u op weg te helpen:

Kies een betrouwbare stockfotografie website. Er zijn veel websites voor stockfotografie beschikbaar, maar ze zijn niet allemaal gelijk. Sommige websites bieden gunstigere voorwaarden voor fotografen en hebben een groter gebruikersbestand, waardoor de kans groter is dat uw foto's worden bekeken en gekocht. Doe wat onderzoek en kies een website met een goede reputatie.

Maak foto's van goede kwaliteit: Om uw foto's op websites voor stockfotografie te verkopen, moeten ze van goede kwaliteit zijn. Dit houdt in dat ze een uitstekende compositie, belichting en focus moeten hebben, en dat ze goed bewerkt en zonder afleidingen moeten zijn. Overweeg de aanschaf van een kwaliteitscamera en de verwerving van fundamentele fotografievaardigheden als u net begint.

Hoewel er behoefte is aan verschillende soorten foto's, kan het voordelig zijn je te specialiseren in een bepaalde niche. Dit kan reisfotografie, voedselfotografie of portretfotografie zijn. Door je te specialiseren in een bepaald onderwerp kun je een portfolio opbouwen van hoogwaardige foto's over een specifiek thema, waardoor je wellicht aantrekkelijker bent voor kopers.

Begrijp de servicevoorwaarden: Elke stockfotografie website heeft zijn servicevoorwaarden, die bepalen hoe de foto's gebruikt mogen worden en hoe de fotograaf vergoed wordt. Zorg ervoor dat u deze voorwaarden begrijpt voordat u uw foto's uploadt, want u wilt niet in een positie terechtkomen waarin u niet naar behoren wordt vergoed voor uw inspanningen.

Zodra u uw foto's hebt gepubliceerd op een stockfotografie website, moet u ze adverteren zodat potentiële kopers ze kunnen vinden. Dit kan betekenen dat u uw werk publiceert op sociale media, lid wordt van fotografische organisaties of forums en rechtstreeks contact opneemt met potentiële klanten.

Fotografie is een discipline die voortdurend evolueert. Daarom is het essentieel om op de hoogte te blijven van nieuwe technieken en modes. Overweeg je in te schrijven voor online cursussen of workshops om je vaardigheden te verbeteren en de kans te vergroten dat je foto's worden aangekocht.

Uw foto's verkopen op websites voor stockfotografie kan lucratief zijn om uw fotografiehobby te gelde te maken. U kunt uw tijdverdrijf omzetten in een lucratieve onderneming met voldoende inspanning en foto's van hoge kwaliteit.

Kies een betrouwbare stockfotografie website, maak geweldige foto's en ga direct aan de slag als je bereid bent je foto's te verkopen en extra geld te verdienen.

# 12. PERSOONLIJKE ASSISTENT OF EEN LOOPJONGEN.

Als student is het aanbieden van je diensten als persoonlijk assistent of loopjongen een manier om snel geld te verdienen. Veel mensen, vooral drukke professionals en gezinnen, hebben hulp nodig bij het boodschappen doen, de stomerij ophalen en boodschappen doen.

Een persoonlijke assistent of boodschappenloper kan een handige en flexibele manier zijn om extra inkomen te verdienen. Afhankelijk van uw schema, kunt u uw werk en uren zo veel of zo weinig als u kiest.

Je hebt zeker een betrouwbare bron van vervoer en een positieve instelling nodig om te beginnen. Stiptheid, betrouwbaarheid en het goed kunnen opvolgen van aanwijzingen zijn essentieel.

Ook moet je hartelijk en professioneel zijn als je met klanten praat.

Om klanten te vinden, kunt u beginnen met vrienden, familieleden en kennissen te vragen of zij boodschappen of taken hebben waarvoor hulp nodig is. Ook kunt u uw diensten op social media en lokale classifieds websites op de markt brengen.

Je moet georganiseerd en productief zijn als een persoonlijke assistent of boodschappenloper. Het is essentieel om bij te houden van projecten en deadlines en ervoor te zorgen dat alles op tijd wordt afgerond. Je moet ook vaak communiceren met klanten om hen op de hoogte te houden van je vorderingen.

Naast het doen van boodschappen kan het ook nodig zijn dat u afspraken inplant, telefoongesprekken voert en e-mails beheert. Je moet bedreven zijn met standaard kantoortoepassingen en in staat zijn om administratieve taken te doen als dat nodig is.

Om succesvol te zijn als personal assistant of boodschappenloper, moet je je kunnen aanpassen en goed presteren onder druk. Er wordt van je verwacht dat je een reeks verantwoordelijkheden beheert, dus het vermogen om snel te denken en innovatieve oplossingen voor problemen te ontwikkelen is essentieel.

Als student kan de verkoop van je vaardigheden als personal assistant of loopjongen een dankbare en veelzijdige manier zijn om snel geld te verdienen. Een persoonlijke assistent of boodschappenloper kan een geweldige kans zijn, ongeacht of je je inkomen wilt aanvullen of je eigen bedrijf wilt starten.

## 13. UW AUTO VERHUREN.

Je auto verhuren op Turo of andere soortgelijke platforms kan een fantastische manier zijn om snel geld te verdienen terwijl je studeert. Het is niet alleen een gemakkelijke manier om extra geld te verdienen, maar het kan ook helpen om de kosten van autobezit te dekken. Bovendien kunt u er dankzij de verzekeringsdekking van Turo zeker van zijn dat uw voertuig veilig is terwijl het wordt verhuurd.

Dus, hoe werkt het?

U moet eerst een Turo-account aanmaken en uw voertuig opgeven. U moet basisinformatie over uw voertuig verstrekken, waaronder het merk, model, jaar en foto's. Turo zal dan een dagtarief voorstellen op basis van vergelijkbare voertuigen in uw regio. U kunt dit tarief accepteren of uw eigen tarief kiezen.

Nadat u uw voertuig op de lijst heeft gezet, begint u aanvragen voor verhuur te ontvangen. U kunt deze verzoeken accepteren of weigeren en voorschriften toevoegen, zoals niet roken of honden, om ervoor te zorgen dat er goed voor uw auto wordt gezorgd terwijl deze wordt verhuurd.

Turo handelt de betaling af en brengt u op de hoogte wanneer een huurder uw voertuig wil reserveren. U moet de huurder ontmoeten op een onderling overeengekomen locatie om de sleutels te overhandigen en het voertuig te inspecteren.

Na de huurperiode brengt de huurder het voertuig terug naar de afgesproken locatie en inspecteert u het op schade. Turo geeft uw betaling vrij, verminderd met hun kosten, als alles naar wens is.

U kunt veel geld verdienen door uw auto op Turo te verhuren, vooral als u een populair of veelgevraagd voertuig hebt. Omdat Turo de betaling en communicatie met de huurder afhandelt, hoeft u zich niet bezig te houden met de logistieke componenten van de verhuur. Als u bijvoorbeeld een nieuw of duur voertuig bezit, kunt u rekening houden met een hoger dagtarief.

Een ander voordeel is dat u zelf kunt bepalen wanneer en hoe vaak u uw voertuig verhuurt. Dit geeft u de volledige controle over de hoeveelheid en de timing van uw verplaatsingen. Als u een zeer drukke agenda hebt en u niet wilt vastleggen op een regelmatig huurschema, kunt u uw auto gewoon te huur zetten wanneer u weet dat u hem niet nodig zult hebben.

Het is echter essentieel om te onthouden dat het verhuren van uw voertuig een aantal gevaren met zich meebrengt. Het is bijvoorbeeld altijd mogelijk dat de huurder schade aan uw voertuig toebrengt of een ongeluk krijgt.

Daarom is het belangrijk om voor en na elke verhuur een uitgebreide inspectie uit te voeren om te controleren of het voertuig in goede staat is. Turo biedt wel verzekeringsdekking voor huurders, maar het is altijd een goed idee om uw eigen polis mee te nemen in het geval van onvoorziene omstandigheden.

Al met al kan het verhuren van je auto op Turo of soortgelijke platforms een fantastische manier zijn om snel geld te verdienen terwijl je studeert. Het is eenvoudig op te zetten, en de potentiële opbrengsten zijn aanzienlijk. Zorg ervoor dat je de gevaren afweegt en de nodige voorzorgsmaatregelen neemt om je voertuig en financiële belangen veilig te stellen.

# 14. DEELNEMEN AAN KLINISCHE STUDIES OF MEDISCHE PROEVEN.

Deelnemen aan gefinancierde medische of klinische studies kan een uitstekende methode zijn voor studenten om snel geld te verdienen en tegelijkertijd medisch onderzoek te bevorderen. Deze studies worden meestal uitgevoerd door farmaceutische bedrijven, onderzoeksinstellingen of klinische onderzoeksgroepen en evalueren vaak de doeltreffendheid en veiligheid van nieuwe medicijnen of therapieën.

Een belangrijk voordeel van deelname aan een gefinancierde medische studie is de kans om meer te weten te komen over het onderzoeksproces en te helpen bij de ontwikkeling van nieuwe medicijnen die het leven van mensen kunnen verbeteren. Bovendien compenseren veel studies deelnemers voor hun tijd en reizen, wat een groot financieel voordeel kan zijn voor studenten die op zoek zijn naar extra inkomsten.

Alvorens deelname aan een medische studie te overwegen, is het essentieel om de bijbehorende risico's en voordelen te begrijpen. Bij sommige studies moeten deelnemers medicijnen nemen of medische procedures ondergaan, en er is altijd een kans op bijwerkingen of moeilijkheden. Voordat u instemt met deelname, is het essentieel om al het door de onderzoekssponsor verstrekte materiaal grondig te begrijpen en eventuele zorgen met een arts te bespreken.

Als u graag deelneemt aan een gefinancierde medische studie, kunt u veel dingen doen om uw kansen te vergroten:

Onderzoek de sponsor van de studie: Zorg ervoor dat de sponsor geloofwaardig is en dat een onafhankelijke ethische commissie het onderzoek heeft goedgekeurd.

Onderzoek de voorwaarden van de studie: Controleer of u voldoet aan de voorwaarden om in aanmerking te komen voor het onderzoek, waaronder leeftijd, medische geschiedenis en andere relevante kenmerken.

Herken de vergoeding: Bepaal hoeveel het onderzoek zal kosten en welke onkosten zullen worden vergoed.

Denk na over de tijdsbesteding: Zorg ervoor dat u de tijd en beschikbaarheid heeft om aan de criteria van de studie te voldoen, inclusief eventuele vereiste vervolgbezoeken.

Raadpleeg uw arts: Bespreek uw deelname aan het onderzoek met uw arts om uw veiligheid te waarborgen en de vereiste medische toestemming te krijgen.

Er zijn enkele manieren om gecompenseerd medisch onderzoek en klinische studies te vinden waarbij mensen worden aangeworven. Enkele alternatieven zijn:

Veel ziekenhuizen en onderzoeksinstellingen voeren hun studies uit en zoeken mogelijk deelnemers.

Veel internetdatabanken, waaronder ClinicalTrials.gov en CenterWatch, vermelden betaalde medische studies en klinische proeven.

Sommige farmaceutische bedrijven voeren hun studies uit en kunnen deelnemers zoeken als zij worden gecontacteerd.

Navraag bij uw arts: Uw arts kan op de hoogte zijn van lopend onderzoek naar de werving van deelnemers en u doorverwijzen.

Zoals vermeld in de conclusie, is deelname aan betaalde medische studies of klinische proeven een geweldige optie voor studenten om snel geld te verdienen en tegelijkertijd medisch onderzoek te bevorderen.

Voordat je deelneemt aan een studie, is het essentieel om de risico's en voordelen af te wegen en uitgebreid onderzoek te doen naar de sponsor. Door deze stappen te volgen, kun je je kansen vergroten om geselecteerd te worden voor een studie en een belangrijke bijdrage te leveren aan de medische industrie.

# 15. VIRTUELE ASSISTENT DIENSTEN.

Als een student, steeds een virtuele assistent is een van de meest flexibele methoden om snel geld te verdienen. Een virtuele assistent (VA) is een professional die op afstand helpt klanten met administratieve, technische of creatieve taken van hun kantoor aan huis.

Als je uitstekende organisatorische vaardigheden, een oog voor detail, en het vermogen om te multitasken, dat een virtuele assistent (VA) zou een geweldige optie zijn. Hier zijn enkele essentiële overwegingen als je in dit veld:

Bepaal uw gebieden van competentie en concentreren op het ontwikkelen van uw talenten. Planning en agenda management, e-mail management, data input, social media administratie, en klantenondersteuning zijn typische verantwoordelijkheden van virtuele assistenten.

Zorg voor een geloofwaardige aanwezigheid op het web; dit omvat het maken van een website of LinkedIn-profiel waarin uw expertise en vaardigheden naar voren komen. Overweeg lid te worden van online communities of forums waar je kunt netwerken met andere virtuele assistenten en mogelijke klanten.

Bepaal je tarieven en beschikbaarheid; Als student kun je niet veel vrije tijd hebben. Daarom moet je communiceren over je beschikbaarheid en het soort opdrachten dat je kunt voltooien. Overweeg om een gedifferentieerd prijssysteem op te zetten dat overeenkomt met je mate van ervaring en vaardigheid.

Marketing van uw diensten: Zodra uw website en LinkedIn-profiel zijn opgezet, is het tijd om uw diensten te gaan promoten. Informeer uw vrienden, familie en collega's over uw virtuele assistent bedrijf, en overweeg reclame op sociale media of via gerichte e-mailcampagnes.

Blijf studeren en verbeteren; Leren en het verbeteren van uw vaardigheden is essentieel om concurrerend te blijven in de virtuele assistent markt. Overweeg inschrijving in online cursussen of het bezoeken van industriële evenementen om actueel te blijven op de nieuwste technologieën en best practices.

Door zich strikt aan deze stappen, kunt u een winstgevende virtuele assistent (VA) bedrijf en maak snel geld terwijl in de universiteit. U kunt uw virtuele assistent bedrijf om te zetten in een rijke en bevredigende beroep met weinig inspanning en inzet.

# 16. UW GEBRUIKTE KLEDING OF ACCESSOIRES VERKOPEN.

Als je een grote hoeveelheid licht gedragen of hoogwaardige producten hebt die je niet meer wilt of nodig hebt, kan de verkoop ervan op Poshmark of Depop een uitstekende methode zijn om snel geld te verdienen. Interactie met anderen en het uiten van uw onderscheidende flair kan leuk en bevredigend zijn.

Maak gewoon een account aan op Poshmark of Depop en begin met het verkopen van je spullen om te beginnen. Op beide platforms kunt u afbeeldingen en beschrijvingen van uw producten publiceren, uw prijzen bepalen en communiceren met potentiële kopers. U kunt ook hashtags gebruiken om de zichtbaarheid van uw spullen voor een groter publiek te vergroten en uw aanbiedingen op sociale media plaatsen om nog meer consumenten aan te trekken.

Als u uw oude kleding of accessoires verkoopt op Poshmark of Depop, is een van de belangrijkste dingen om te onthouden dat u foto's van hoge kwaliteit maakt die uw spullen in het best mogelijke licht zetten.

Dit omvat het gebruik van natuurlijke verlichting, ervoor zorgen dat uw producten schoon en goed gepresenteerd zijn, en het nemen van veel foto's vanuit verschillende perspectieven. U moet ook waarheidsgetrouw en nauwkeurig zijn in uw productbeschrijvingen en overwegen om bundelkortingen of gratis verzending aan te bieden om de wenselijkheid van uw producten te vergroten.

Klantenservice is een ander belangrijk onderdeel van de verkoop van uw oude kleding of accessoires op Poshmark of Depop. Door snel te reageren op vragen en verzoeken en flexibel en gevoelig te zijn voor de wensen van uw kopers, kunt u een goede reputatie opbouwen en terugkerende klanten aantrekken. U moet ook bereid zijn om over prijzen te onderhandelen en een wederzijds voordelige deal met uw klanten te sluiten.

Poshmark en Depop vragen elk een klein percentage van uw verkoop als vergoeding voor het gebruik van hun platforms. Dit is echter een kleine prijs voor het gemak en de bekendheid die deze platforms bieden. Bovendien, hoe succesvoller u uw producten verkoopt, hoe meer geld u kunt verdienen.

Al met al kan het verkopen van je oude kleding of accessoires op Poshmark of Depop een fantastische manier zijn om je garderobe op te ruimen, snel geld te verdienen en in contact te komen met andere mensen die een soortgelijke passie voor mode delen.

Of je nu je garderobe wilt opruimen of snel geld wilt verdienen, deze platforms bieden een eenvoudige en handige methode om een groot publiek te bereiken met je tweedehands spullen of spullen van hoge kwaliteit.

# 17. VERKOOP JE BIJLES OF LESGEVEN OP WEBSITES.

Als je op zoek bent naar een flexibele en winstgevende methode om extra geld te verdienen, overweeg dan om bijlesgever of docent te worden op websites als VIPKid en iTutor.

Als docent of bijlesgever op deze platforms krijgt u de kans om studenten wereldwijd te helpen bij het bereiken van hun academische doelstellingen. U kunt uw tarieven bepalen en werken vanuit het gemak van uw huis of werkplek.

U moet een profiel aanmaken en een aanvraag indienen om te beginnen. Dit omvat vaak het presenteren van informatie over uw onderwijsgeschiedenis en onderwijservaring en het invullen van een demonstratieles en andere examens.

Eenmaal goedgekeurd, krijgt u toegang tot verschillende middelen en ondersteuning om u te helpen slagen. Dit kan trainingsmateriaal zijn, lesideeën en voortdurende hulp van het onderwijzend personeel van het platform.

Flexibiliteit is een van de belangrijkste voordelen van bijlesgever of leraar worden op platforms zoals VIPKid of iTutor. U bent vrij om te kiezen waar en wanneer u werkt en hoeveel u werkt. Dit maakt het een perfect alternatief voor studenten met een drukke agenda en de behoefte om geld te verdienen buiten de lessen om.

Een ander voordeel is de mogelijkheid om een aanzienlijk salaris te verdienen. Tutoren en docenten op deze platforms kunnen tussen $14 en $22 per uur verdienen, afhankelijk van hun kwalificaties en ervaringsniveau. Dit kan resulteren in groot snel geld na verloop van tijd.

Naast de financiële voordelen kan bijlesgever of leraar worden op platforms zoals VIPKid of iTutor ook bevredigend en lonend zijn. U krijgt de kans om het leven van uw leerlingen aanzienlijk te beïnvloeden en hen te helpen hun academische doelen te bereiken.

Overweeg om tutor of leraar te worden op platforms zoals VIPKid of iTutor als je een student bent die op zoek is naar een flexibele en lonende manier om extra geld te verdienen. Je kunt in deze functie slagen en het leven van je kinderen aanzienlijk beïnvloeden als je de juiste mentaliteit en toewijding hebt.

# 18. FREELANCE SCHRIJVER OF REDACTEUR.

Als student is het geven van je schrijf- en redactiediensten op platforms als Upwork en Freelancer een methode om snel geld te verdienen. Deze internetmarkten verbinden particulieren en bedrijven met freelancers die kunnen helpen met bepaalde klussen, waaronder schrijven en redigeren.

Overweeg om je schrijf- en redactiediensten op deze sites te geven als je over goede schrijf- en redactionele vaardigheden beschikt en er extra geld mee wilt verdienen. Hier zijn een paar suggesties voor je om te beginnen:

Met uw profiel kunt u uw talenten en ervaring laten zien aan potentiële klanten. Voeg een duidelijke, professionele foto toe en een grondig overzicht van uw kwalificaties, inclusief relevante opleidingen of ervaring.

Ontwikkel een gespecialiseerde niche: Hoewel je verschillende schrijf- en redactiediensten kunt leveren, kan het voordelig zijn om je op een bepaald gebied te concentreren. Dit kan u aantrekkelijker maken voor potentiële consumenten die op zoek zijn naar een expert op een bepaald gebied. Je zou je bijvoorbeeld kunnen specialiseren in het ontwikkelen van materiaal voor websites, social media posts, of onderzoekspapers.

Houd rekening met de gangbare prijzen voor soortgelijke diensten op het platform en je mate van kennis en ervaring bij het kiezen van je tarieven. Wees voorzichtig met het overbrengen van je tarieven aan potentiële klanten en wees bereid om te onderhandelen indien nodig.

Een solide portfolio helpt je om je te onderscheiden van andere freelancers en laat je expertise zien aan potentiële klanten. Overweeg om schrijf- en redactievoorbeelden op te nemen die uw capaciteiten en de opdrachten die u eerder hebt uitgevoerd demonstreren.

Overweeg rechtstreeks contact op te nemen met potentiële klanten en uw diensten te promoten op sociale media en andere online platforms, wat u kan helpen uw klantenbestand uit te breiden en uw zichtbaarheid als freelancer te vergroten.

Wees professioneel en responsief: Als freelancer is het essentieel om efficiënt met klanten te communiceren en prompt vragen te beantwoorden. Zorg ervoor dat u uw verplichtingen nakomt en werk van hoge kwaliteit levert voor de deadline.

Door je aan deze richtlijnen te houden, kun je jezelf neerzetten als een waardevolle en betrouwbare freelancer op websites als Upwork en Freelancer. Je kunt je schrijf- en redactievaardigheden omzetten in een winstgevend bedrijf op de universiteit als je er de tijd en moeite voor neemt.

# 19. BETAALDE ONLINE MOGELIJKHEDEN EN MODELLENWERK.

Als student deelnemen aan betaald acteren of modellenwerk is een snelle manier om extra geld te verdienen en ervaring op te doen in de entertainmentindustrie. Je kunt een paar acties ondernemen om je kansen op een betaalde acteer- of modellenbaan te vergroten, ondanks de moeilijkheid om in de industrie in te breken.

Ten eerste is het essentieel om een solide portfolio op te bouwen. Dit kan bestaan uit hoofdfoto's, foto's van het hele lichaam en andere foto's die je onderscheidende uiterlijk en stijl benadrukken.

Overweeg te investeren in een fotoshoot met een plaatselijke fotograaf of vraag een vriend om hoogwaardige foto's van je te maken als je nog geen professionele foto's hebt. Daarnaast is het een goed idee om een cv op te stellen met je acteer- of modellenervaring (als je die hebt) en je eventuele talenten of opleidingen.

Ga vervolgens op zoek naar mogelijkheden. Er zijn veel manieren om betaalde acteer- of modelkansen te ontdekken. Een alternatief is lid worden van een acteer- of modellenbureau. Deze agentschappen vertegenwoordigen talent en helpen hen bij het vinden van werk. Lid worden van een bureau kan weliswaar een competitieve onderneming zijn, maar het kan ook een uitstekende methode zijn om toegang te krijgen tot verschillende mogelijkheden.

Je kunt ook zelf op zoek gaan naar kansen. Backstage, Model Mayhem en Craigslist zijn slechts enkele websites en diensten die betaalde acteer- en modellenbanen aanbieden. Check bij lokale casting directors en productiebedrijven of ze aankomende projecten hebben waarvoor jij een geschikte kandidaat kunt zijn.

Je moet professioneel en goed voorbereid zijn als je een acteer- of modellenbaan vindt. Kom op tijd, wees voorbereid en klaar om aanwijzingen aan te nemen, en sta open voor commentaar. Dit zijn allemaal essentiële eigenschappen die casting directors en opdrachtgevers zoeken in talent.

Deelnemen aan betaald acteren of modellenwerk kan een geweldige manier zijn voor studenten om extra geld te verdienen en ervaring op te doen in de industrie. Met een goed portfolio, een proactieve houding en een professionele houding kun je je kansen op betaalde opdrachten vergroten en een succesvolle acteer- of modellencarrière opbouwen.

# 20. ARTIKEL MARKETING.

Als je al inhoud schrijft voor het web, je forum, of zelfs voor school, geloof het of niet, artikel schrijven kan een lucratieve en eenvoudige optie zijn voor studenten om snel online geld te verdienen.

Het internet is een enorme verzameling artikelen, waaronder miljoenen pagina's informatie, allemaal beschikbaar binnen handbereik. Het is een eindeloze bibliotheek van kennis die elke seconde van de dag dorst naar leren.

Hoe begin je dan? Eerst moet je een artikel schrijven. Het artikel kan over van alles gaan, wat er in de wereld of in je gedachten speelt. Geen zin om het zelf te schrijven? U kunt iemand voor u inhuren.

Deze personen staan bekend als "ghostwriters". Zij schrijven deze artikelen over diverse onderwerpen en verkopen ze voor algemene consumptie. Deze artikelen zijn zo ontworpen dat de koper ze kan personaliseren.

Sommige websites accepteren deze artikelen, maar zijn meestal van mindere kwaliteit en vragen geen hoge prijs. De meest effectieve tactiek is het schrijven van een artikel van 200-400 woorden. Het artikel is te lang en leest als een monoloog. Je wilt niet dat het artikel te kort is, want je levert waarde aan het internet.

Zorg ervoor dat je je aan de genoemde eisen houdt voordat je je artikel indient. Zodra je een artikel hebt geschreven, moet je een website vinden die ervoor betaalt. Associated Content is een van de beste websites die ik heb gevonden. Deze website betaalt tussen de $5 en $50 per stuk, afhankelijk van de kwaliteit en de vraag. Op de website worden veelgevraagde artikelen aangeduid, die doorgaans aanzienlijk hogere prijzen vragen.

Geef aan of u uw artikel als "exclusief" of "niet-exclusief" wilt indienen. Exclusief betekent dat u afstand doet van uw auteursrechten aan de website; u mag dit artikel niet meer gebruiken. Niet-exclusief betekent precies het tegenovergestelde; u behoudt de auteursrechten op het artikel. Typisch, exclusieve items commando de grootste kosten.

Het maken van een e-boek is een andere methode om je schrijfwerk te gelde te maken. Het boek kan interessant zijn als een schoolopdracht, college termijnrapport, of probleemoplossende strategie. Er zijn veel gratis handleidingen beschikbaar die uitleggen hoe je dit kunt bereiken. Affiliate programma's kunnen een van de meest effectieve manieren zijn om je creatie op de markt te brengen. Nadat je een meesterwerk hebt gemaakt, hoef je het alleen nog maar aan de hele wereld te verkopen.

Websites als Clickbank en commission junction kunnen u daarbij helpen. Je kunt nu je invloed op MySpace of Facebook gebruiken om de invloed en populariteit van je boek te vergroten; om je boek te helpen verkopen.

Hoewel het schrijven van artikelen je misschien niet rijk maakt, zorgt het voor een constant inkomen en is het waarschijnlijk de meest betrouwbare manier voor studenten om online snel geld te verdienen.

# 21. MICROBANEN WEBSITES.

Welke soorten banen zijn er? Dit hangt grotendeels af van iemands vaardigheden, hoofdvak en gevolgde cursussen. College studenten en kinderen van college leeftijd kunnen een ander inkomen verdienen door te adverteren op micro job sites.

Er zijn parallellen tussen een reeks studierichtingen en de soorten taken die goed werken en verkopen op microjobsites; er zijn dus veel vooruitzichten voor studenten met verschillende studierichtingen.

Wat zijn microbanen?

Op deze sites kan iedereen jobs plaatsen die normaal minder dan $20 betalen, waarbij de populairste sites gebruikers jobs laten plaatsen die tussen $5 en $10 betalen. Website-gerelateerde diensten zoals SEO, artikel schrijven, link building, enz. zijn de meest geplaatste jobs. Toch kan elke job (behalve voor volwassen, illegale en gokgerelateerde taken) een bestseller worden!

Dit is een van de belangrijkste troeven van deze sites; het is praktisch moeilijk te voorspellen welke job zal aanslaan bij de kopers die deze websites frequenteren. De sleutel is waarde en kwaliteit; als je jobs publiceert die een waardevolle dienst leveren die de koper tijd bespaart, zul je jobs verkopen!

Waarom zouden studenten op microvacaturesites moeten adverteren?

Er zijn enkele redenen waarom studenten ideale verkopers zijn op microjobsites en zo geld kunnen verdienen. De belangrijkste zijn echter hun bekwaamheden, hun vermogen om te werken wanneer ze willen, hun vertrouwdheid met technologie en hun vermogen om snel te leren.

College studenten hebben over het algemeen competentie op vele gebieden en beschikken over ongewone vaardigheden in de algemene gemeenschap. Bovendien beschikt iedereen over een unieke set vaardigheden die kan worden gebruikt om werkgelegenheid te creëren en opdrachten uit te voeren op een manier die hen een goed uurtarief oplevert. Hoe origineler en onderscheidender een opdracht is, hoe meer views deze zal krijgen en dus hoe meer deze zal verkopen.

Als je veel vaardigheden hebt, kun je die combineren om inventief werk te ontwikkelen dat mensen tegen een lage prijs zullen willen kopen. De uitdaging is uit te vinden hoe je iets onderscheidends kunt bieden in een relatief korte tijd. Het is aan ieder individu om te bepalen!

Verkopen op een Micro Job Site maakt flexibele planning mogelijk.

Door banen te verkopen op microjobsites kunnen studenten werken wanneer ze maar kunnen en aan verzoeken om hun diensten voldoen wanneer die binnenkomen. Mensen kunnen dus een uur per keer werken als ze vrije tijd hebben, in tegenstelling tot vele uren om "in te slaan" en geld te verdienen.

Studenten in het College zijn opgegroeid met technologie.

Omdat studenten zijn opgegroeid met computers, zijn veel soorten werk die vaak worden verkocht op microjobsites hun tweede natuur of kunnen ze zich snel eigen maken voor financieel gewin.

Een van de redenen waarom microjobsites populair zijn gebleven, is dat klanten liever iemand betalen die al weet hoe iets moet, dan dat ze leren hoe het moet en de taak zelf uitvoeren. U kunt meer hoogwaardige banen op verschillende gebieden plaatsen als u een gevarieerde vaardighedenset hebt, en u zult meer verkopen dan iemand met één baan die verband houdt met een specialisatie.

Overweeg het plaatsen van werk op microjobsites als je een student bent die in je vrije tijd online geld probeert te genereren. Je kunt vacatures verkopen op basis van je huidige kennis en talenten!

## 22. AFFILIATIEPROGRAMMA'S.

Vraagt u zich af waarom artiesten waar u nog nooit van hebt gehoord of elektronica die u nog nooit hebt gezien de best verkopende producten van Amazon zijn? Dit is gedeeltelijk toe te schrijven aan de magie van affiliate marketing.

Deze producten worden dagelijks massaal aan de man gebracht in chatrooms, forums, publicaties en zoekmachines door mensen zoals jij en ik. Ze worden allemaal gemotiveerd door één enkel doel: commissies. Affiliate marketing kan heel succesvol en snel zijn voor studenten om geld te verdienen, hoewel het aanvankelijk wat vallen en opstaan vereist.

Hoe begin je eraan?

Eerst moet u iets identificeren dat momenteel populair is, zoals een product of een onderwerp waarover mensen gepassioneerd zijn. Gebruik MySpace, Facebook, of uw favoriete forum om te bepalen waar mensen behoefte aan hebben of vragen over hebben. Bestudeer actuele gebeurtenissen in de media- en sportwereld. Bepaal wat trending is op eBay, Amazon en zelfs Google.

Google Labs biedt een fantastisch hulpmiddel dat de tien meest gezochte producten weergeeft. Overweeg het voor de hand liggende: universitaire instellingen. Dit zijn uitstekende locaties om te bepalen wat individuen leuk vinden. Zodra u weet wat mensen wereldwijd verlangen, zult u beter begrijpen wat u op de markt moet brengen.

Vervolgens moet u een aantal relevante, effectieve trefwoorden identificeren. Het kiezen van het juiste trefwoord is essentieel, omdat het het succes van de marketing van uw product zal beïnvloeden. Zoekmachines voor trefwoorden, zoals Google Keywords en Overture, zijn prachtige bronnen voor het vinden van de beste trefwoorden voor uw campagne. Zoek naar long-tail trefwoorden (3-5 woorden in lengte) met een sterk zoekvolume maar weinig concurrentie.

Hoe kan ik het beste product vinden?

Na het identificeren van uw onderwerp en trefwoord, de volgende fase is het vinden van een product. De sleutel tot succesvolle reclame voor een product is het identificeren van iets dat u denkt dat zal helpen een probleem aan te pakken en is relevant voor uw doelgroep. Zorg ervoor dat het product resoneert met uw doelgroep. Als u wilt helpen iemand gewicht te verliezen voor hun bruiloft, moet u voorkomen dat de verkoop van geld-producten.

Hoe kunt u zich inschrijven voor een affiliate programma?

Bijna altijd zal elk product verbonden zijn met een affiliate programma. Amazon is waarschijnlijk de beste plaats om affiliate programma's te vinden voor echte dingen. Zij bieden een uitzonderlijk commissieprogramma.

Amazon richt zich op zijn filialen en biedt talloze middelen om u te helpen beginnen. Typisch, bieden hun affiliate programma's commissies variërend van 50 tot 75%. ClickBank is je beste optie als je van plan bent een e-product te verkopen. Ik heb echter een paar rotte appels ontdekt op deze website.

Nadat je het onderwerp, de sleutelwoorden, het product en het affiliate programma hebt bepaald, moet je de aanpak bepalen. Om te beginnen is artikelmarketing de beste strategie. Maak gewoon een Squidoo lens of landingspagina die relevant is voor uw product en upload relevante artikelen. Deze affiliate marketing aanpak kan langzaam en tijdrovend zijn, maar het is gratis en de moeite waard voor starters.

U kunt Pay-Per-Click advertising proberen op websites als Google Adwords, Yahoo Search Marketing en MSN AdCenter als u denkt dat u geavanceerder bent dan de gemiddelde marketeer. U kunt veel sneller prijzen maken als u uw campagnes goed organiseert. Het gevaar is echter aanzienlijk groter en kan uiterst kostbaar zijn als u geen ervaring hebt.

Waar kan ik meer informatie vinden over Affiliate Marketing?

Of het nu via artikel marketing of pay-per-click advertising is, affiliate marketing kan lucratief zijn als het effectief wordt uitgevoerd. Het vinden van sites die u leren over de business achter affiliate marketing is de beste aanpak voor het genereren van geld op dit gebied.

Websites zoals Wealthy Affiliate en Bum Marketing Methods zijn prachtige bronnen als je de ins en outs van het bedrijf wilt bestuderen. Daarom, of u nu een student bent of op zoek naar extra inkomen, Affiliate Marketing is een bedrijf dat u zou moeten onderzoeken meer.

## 23. GOOGLE ADSENSE.

Heb je je ooit afgevraagd waar die kleine advertenties op websites vandaan komen? Deze advertenties maken deel uit van een Google-programma dat AdSense heet. Ze lijken je overal op het internet te volgen en weten wat je zoekt.

Met dit programma kan elke website of blog inkomsten genereren via advertenties. Dit is een van de eenvoudigste manieren voor studenten om online geld te verdienen, ook al klinkt het misschien ingewikkeld.

Als je bent zoals de meeste internetgebruikers, zijn pop-up en banner advertenties gemakkelijk afleidend. Ze lijken de webervaring volledig teniet te doen. Google AdSense overtreft de standaard banneradvertenties. Het doorzoekt automatisch uw website of blog en vindt geschikte advertenties op basis van de zoekvraag van de bezoeker. De advertenties zijn kleiner, minder intimiderend, en aanzienlijk effectiever met minder oppervlakte.

Je kunt je dus afvragen wat dit betekent voor een student? Met het begin van de 21e eeuw is de levering van cursusmateriaal en opdrachten aanzienlijk geautomatiseerd.

Met het toegenomen gebruik van virtuele klasomgevingen is het bouwen van een website of blog geëvolueerd van een tijdverdrijf tot een belangrijke behoefte. Studenten kunnen gemakkelijk geld verdienen door advertenties op hun websites te plaatsen.

Sinds de eeuwwisseling is de ontwikkeling van websites sterk toegenomen. Elke dag worden websites met miljoenen verschillende thema's en mogelijkheden ontwikkeld.

Geen zorgen als je geen geld hebt voor hosting. Geen probleem als je de $10 tot $20 per maand voor hosting hebt, maar geen ontwerpvaardigheden hebt. Er zijn andere gratis hosting sites beschikbaar, zoals synthasite.com en weebly.com.

Iedereen houdt van opinieblogs; je kunt er over letterlijk alles schrijven! De meeste hosting sites bieden design wizards om het creatieproces te vereenvoudigen of, in het ergste geval, heb je niets om over te schrijven. Geen probleem. Bouw gewoon een opinieblog met een platform als blogger.com.

Om geld te gaan verdienen met uw website, gaat u naar Google en zoekt u hun advertentieprogramma's onderaan de website. Kies het AdSense-programma en voeg uw website en persoonlijke gegevens toe, en u bent klaar.

Google AdSense maakt het eenvoudig om de soorten advertenties te selecteren die u wilt weergeven en biedt veel tutorials over hoe u ze op uw website kunt implementeren. Zodra u klaar bent met het plaatsen van advertenties op uw website, kunt u achterover leunen en kijken hoe het geld binnenstroomt.

U moet voorkomen dat u op uw advertenties klikt. Hoewel dit onschuldig lijkt, beschouwt Google het als "klikfraude" en zal het u waarschijnlijk uitsluiten van hun AdSense-programma. Google is uitzonderlijk bedreven in het opsporen van deze zwendel, dus gepakt worden is onvermijdelijk.

Probeer gratis verkeer naar uw website te genereren met bookmarking diensten zoals Stumble en del.icio.us. Zodra mensen uw website bezoeken, zou u de resultaten van uw arbeid moeten gaan merken.

Google betaalt aan het einde van elke maand, dus u wordt betaald wanneer uw rekeningsaldo 100 dollar bedraagt. Google geeft de voorkeur aan directe storting via elektronische overschrijving, maar stuurt ook graag een cheque.

AdSense kan een hongerende student voorzien van een constant parttime inkomen, ondanks het onvermogen van het programma om een substantieel inkomen te genereren. AdSense is ongetwijfeld een van de beste manieren om online geld te verdienen als je creatief bent en bereid om wat moeite te doen.

## 24. THUISWERKENDE TRANSCRIBENTEN.

Thuiswerken als transcribent kan heel bevredigend zijn. U kunt in uw eigen tempo werken aan taken die zowel essentieel als aanpasbaar zijn. U kunt als medisch transcriptionist werken naast diverse andere bedrijfstakken.

Werkgevers van transcriptionisten zoeken iemand met verschillende schema's. College studenten zijn vaak nogal druk met hun studie. Hierdoor blijft er weinig tijd over voor een conventionele carrière in een restaurant. Ook is thuiswerken als student een uitstekende optie.

Zodra je op zoek gaat naar een baan als transcribent, zul je vaak ontdekken dat bedrijven je schrijfvaardigheid willen evalueren. Af en toe zal dit schrijfvoorbeelden of een trainingsperiode vereisen.

Voor veel banen als medisch transcribent is ervaring in een medisch specialisme vereist, maar voor veel andere banen als transcribent is dat niet het geval. Je kunt werken als juridisch transcribent of als freelance transcribent.

Als transcribent krijgt u een pakket audio-opnamen dat u moet transcriberen in het door het bedrijf gespecificeerde formaat. Dit is in de meeste gevallen een eenvoudige procedure, en u kunt uw werk relatief gemakkelijk uitvoeren. Werken als transcribent is echter geen methode om snel rijk te worden.

Overweeg om transcribent aan huis te worden als je een student bent die een gemakkelijke manier nodig heeft om geld te verdienen om je representatiekosten te helpen betalen. Het is heerlijk om elke week een paar uur meer te werken als transcribent om extra bestedingsgeld te verdienen.

Probeer wat ik heb gedaan als je onmiddellijk of binnen het uur geld nodig hebt. Ik verdien nu meer geld dan in mijn vorige bedrijf, en dat kan jij ook: klik op de link hieronder om het ongelooflijke, oprechte verhaal te lezen. Ik was slechts tien seconden achterdochtig nadat ik lid was geworden voordat ik wist wat dit was. U zult ook stralen van oor tot oor, zoals ik was.

# 25. BARTENDING.

Het is essentieel om te beseffen dat bartending, hoewel gunstig voor je studentenlevensstijl en financiële rekening, niet zo eenvoudig is als sommigen denken. Voordat je beslist of een parttime baan in de zaak iets voor jou is, moet je nagaan wat voor werk er van je gevraagd wordt.

Afhankelijk van de zaak kan werken achter de bar behoorlijk belastend zijn. Een gestage stroom klanten komt het etablissement binnen, en elk van hen zal onmiddellijke service eisen. Hoe meer klanten er zijn, hoe meer drankjes je tegelijk moet bereiden, en hoe groter de kans is dat consumenten boos worden als hun bestelling niet goed wordt uitgevoerd.

Een voordeel is dat je je nooit hoeft te vervelen. In tegenstelling tot werken in een winkel, hoef je niet steeds dezelfde taak uit te voeren. Desondanks wordt u opgejaagd! Sommige mensen floreren in deze omgeving, anderen niet.

Het tevreden houden van klanten zal een topprioriteit zijn. Hoe groter de tevredenheid van uw consumenten, hoe meer zij geneigd zijn u een fooi te geven. U kunt een behoorlijk loon verdienen, maar het grootste deel van uw inkomsten komt uit fooien.

Door de drukke omgeving kun je niet altijd met de klanten praten, maar als je alles om je heen afhandelt en hoffelijk blijft en "service met een glimlach" biedt, kom je een heel eind.

Een tweede facet van het barkeepen dat veel mensen over het hoofd zien, heeft niets te maken met consumenten. Als je meerdere mensen in een stressvolle omgeving plaatst waar ze op elkaar moeten vertrouwen om een taak te volbrengen, kan dat leiden tot veel persoonlijkheidsconflicten. Collega's zijn soms de bron van de meeste stress.

U moet leren om verklaringen niet persoonlijk op te vatten wanneer iemand zich druk maakt en u afsnauwt. Je moet ook voorkomen dat je mensen gaat micromanagen en dat je te boos wordt als iemand met meer ervaring je vraagt een taak uit te voeren.

Nadat je de realiteit van het barkeepen hebt begrepen, kun je solliciteren naar een baan, wetende wat je tot op zekere hoogte kunt verwachten. Het werk is niet eenvoudig, maar wel bevredigend. De meeste studenten die in bars hebben gewerkt beschouwen de ervaring als de leukste die ze ooit hebben gehad. Sommigen vinden het zo leuk dat ze blijven en doorgroeien naar andere functies in het hotelwezen.

# 26. DEELNEMEN AAN BETAALDE STAGES OF LEERCONTRACTEN.

Het kan moeilijk zijn om als student cursussen, buitenschoolse activiteiten en een parttime baan te combineren. Toch kan het vinden van manieren om geld te verdienen terwijl je nog op school zit essentieel zijn om rekeningen te dekken en nuttige werkervaring op te doen. Deelnemen aan betaalde stages is één manier voor studenten om geld te verdienen.

Betaalde stages en leercontracten stellen studenten in staat praktische ervaring op te doen in een bepaald beroep, terwijl ze een salaris of vergoeding krijgen. Deze programma's kunnen een uitstekende gelegenheid zijn om je cv te verbeteren, te netwerken met professionals en mogelijk een fulltime baan te krijgen na je afstuderen.

Deelnemen aan betaalde stages en leercontracten als student heeft verschillende voordelen. Enkele belangrijke voordelen zijn de volgende:

Betaalde stages en leercontracten geven studenten de mogelijkheid om aanzienlijke werkervaring op te doen in een bepaalde bedrijfstak. Dit kan je cv een boost geven en je kansen op een fulltime baan na je afstuderen vergroten.

Betaalde stages en leerlingschappen stellen studenten in staat een loon of stipendium te verdienen in plaats van onbetaalde stages. Dit kan nuttig zijn om collegegeld, huur en andere kosten te dekken.

Door betaalde stages en stages kun je specialisten in je bedrijfstak ontmoeten en met hen samenwerken, waardoor je je professionele netwerk kunt uitbreiden. Dit is een snelle manier om je professionele netwerk uit te breiden en connecties te ontwikkelen die kunnen leiden tot toekomstige werkgelegenheidskansen.

Betaalde stages en leercontracten kunnen helpen bij de ontwikkeling van nieuwe vaardigheden en de verbetering van bestaande. Dit kan vooral nuttig zijn voor studenten die niet zeker zijn van hun beroepskeuze of die van vakgebied willen veranderen.

Betaalde stages en leercontracten resulteren vaak in voltijdse tewerkstelling na het afstuderen. Door deel te nemen aan deze programma's krijg je toegang tot potentiële werkgevers en maak je een positieve indruk op hen.

Hoe betaalde stages en leercontracten te vinden en aan te vragen:

Voordat u op zoek gaat naar betaalde stages en leercontracten, moet u uw interesses en carrièredoelen bepalen. Zo kunt u uw selectie beperken en u concentreren op vooruitzichten die overeenstemmen met uw doelstellingen.

Onderzoek de beschikbare programma's: Er bestaan veel websites om studenten te helpen bij het vinden van betaalde stages en leerplaatsen. Enkele alternatieven zijn:

Veel scholen en universiteiten hebben loopbaancentra die studenten die op zoek zijn naar stages en leerplaatsen informatie en ondersteuning bieden. Deze centra hebben vaak lijsten met beschikbare programma's en kunnen hulp bieden bij het aanvragen ervan.

Veel beroepsorganisaties bieden stagemogelijkheden voor studenten. Onderzoek van organisaties in uw vakgebied kan leiden tot onaangekondigde kansen.

Op verschillende arbeidsfora op internet staan stages en leercontracten die betalen. Indeed, LinkedIn en InternMatch zijn voorbeelden van populaire mogelijkheden.

Bereid uw sollicitatiemateriaal voor. Het is van vitaal belang om uw sollicitatiemateriaal voor te bereiden zodra u mogelijke stage- of leerprogramma's hebt ontdekt. Dit bestaat meestal uit een cv, een sollicitatiebrief en andere materialen die het programma vereist. Zorg ervoor dat uw sollicitatie is afgestemd op het programma en dat u uw relevante vaardigheden en ervaringen laat zien.

Het is raadzaam om op veel betaalde stages en leerplaatsen te solliciteren om je kansen op aanvaarding te maximaliseren. Zorg ervoor dat je de sollicitatie-eisen grondig leest en alle benodigde materialen indient.

Na het indienen van je sollicitatie moet je contact opnemen met het programma om te informeren naar de status van je sollicitatie. Dit kan uw interesse en betrokkenheid bij de gelegenheid aantonen.

Uw betaalde stage- of leerervaring maximaliseren:

Je moet de kans maximaliseren als je eenmaal bent toegelaten tot een betaalde stage of leerbedrijf. Hier zijn enkele tips voor succes:

Zoals bij elke functie is het essentieel om punctueel en betrouwbaar te zijn. Stiptheid en het nakomen van verplichtingen tonen uw professionaliteit en toewijding aan het programma.

Wees niet bang om initiatief te nemen en vragen te stellen. Dit kan uw leergierigheid en bereidheid om een stapje extra te doen aantonen.

Betaalde stages en leercontracten stellen je in staat te netwerken en relaties te ontwikkelen met mensen in je vakgebied. Maak optimaal gebruik van deze kans door te netwerken en relaties op te bouwen.

Zoveel mogelijk kennis: Vergeet niet dat het primaire doel van betaalde stages en leercontracten is om belangrijke ervaring en vaardigheden op te doen. Sta zoveel mogelijk open voor leren en accepteer uitdagende taken en verantwoordelijkheden.

Betaalde stages en leercontracten kunnen een uitstekende methode zijn voor studenten om geld te verdienen terwijl ze essentiële werkervaring opdoen en hun professionele netwerken opbouwen.

Door de in dit hoofdstuk beschreven methoden te volgen, kunnen studenten betaalde stages en leercontracten vinden, erop solliciteren en na goedkeuring optimaal van de gelegenheid profiteren.

Betaalde stages kunnen een prachtige investering in je toekomst zijn, of je nu een potentieel carrièrepad wilt verkennen of praktische vaardigheden wilt leren.

# 27. FREELANCEN EN BANEN IN DE GIG-ECONOMIE.

Freelance werk en gig economy gigs kunnen geweldige keuzes zijn voor studenten die snel geld willen verdienen. Dit soort werk biedt flexibiliteit en de kans om aan verschillende projecten of taken te werken, vaak tijdelijk.

Een van de voordelen van freelance werk en gig economy werk is dat ze flexibel kunnen worden ingevuld. Het spreekt typisch studenten aan met andere verplichtingen, zoals lessen en buitenschoolse activiteiten. Bovendien kunnen veel freelance- en gig economy-werkzaamheden op afstand worden uitgevoerd, waardoor ze ideaal zijn voor studenten die niet willen pendelen naar een traditionele baan.

Redactie, schrijven, social media management en grafisch ontwerp behoren tot de vele freelance en gig economy beroepen. U kunt freelance werk krijgen in uw onderwerp van studie of interesse als u een bepaald talent of specialiteit bezit.

Het gebruik van internetsites zoals Upwork, Fiverr en Freelancer is een manier om freelance werk en gig economy banen te ontdekken. Deze websites verbinden freelancers met klanten die op zoek zijn naar verschillende diensten, zodat je kunt bieden op of solliciteren naar taken die passen bij jouw vaardigheden en beschikbaarheid.

Netwerken met personen of bedrijven in je interessegebied is een ander alternatief voor het vinden van freelance werk en gig economy banen. Je kunt werk krijgen door contact op te nemen met professoren of professionals in je vakgebied of door lid te worden van professionele organisaties of netwerkgroepen.

Je kunt ook freelance en gig economy banen ontdekken via het carrièrecentrum van je school, vacatures, internet en netwerken. Veel hogescholen hebben middelen om studenten te helpen bij het vinden van freelance en gig economy banen, en zij kunnen je in contact brengen met mogelijke klanten en werkgevers.

Freelance werk en gig economy jobs kunnen uitstekende alternatieven zijn voor studenten die op zoek zijn naar flexibele, snelle inkomsten. Of je nu een bepaalde vaardigheid of kennis hebt of je hand wilt wagen aan verschillende projecten en klusjes, er zijn veel opties beschikbaar om tegemoet te komen aan een breed scala aan interesses en expertise.

Als het gaat om freelancen en gig-economie banen, is het essentieel om de mogelijke risico's en voordelen van elke mogelijkheid af te wegen. Hoewel deze banen flexibiliteit kunnen bieden en de kans om aan verschillende projecten te werken, kunnen ze ook obstakels opleveren.

Zo bieden freelance- en gig economy-banen mogelijk niet dezelfde werkzekerheid of voordelen als een traditionele baan, zoals een ziektekostenverzekering of pensioenregeling. Het is essentieel om de voorwaarden van elke kans grondig te onderzoeken en bedacht te zijn op de mogelijke gevaren en obstakels.

Daarnaast vereisen freelance werk en gig economy-beroepen vaak het beheer van iemands belastingen en fondsen. Dit kan betekenen dat je je inkomsten en uitgaven moet bijhouden en geld moet sparen voor de belastingen. Vertrouwd raken met de fiscale regels en voorschriften met betrekking tot freelance werk en gig economy banen is raadzaam en raadpleeg een belastingspecialist als je vragen hebt.

Een andere moeilijkheid van freelance en gig economy banen is de noodzaak om voortdurend te zoeken naar nieuwe mogelijkheden. Om een regelmatig inkomen te behouden, kan het nodig zijn om voortdurend op zoek te gaan naar nieuwe klanten of projecten. Dit kan vereisen dat u proactief bent in het verkopen van uw vaardigheden en diensten, wat tijdrovend kan zijn.

Ondanks deze obstakels kunnen freelance- en gig economy-banen uitstekende keuzes zijn voor studenten die op zoek zijn naar flexibele, snelle inkomsten. Of u nu een bepaalde vaardigheid of kennis hebt of uw hand wilt proberen op verschillende projecten en klusjes, er zijn veel opties beschikbaar om tegemoet te komen aan een breed scala aan interesses en expertise.

Om je kansen op succes in freelancen en gig economy banen te maximaliseren, is het essentieel om betrouwbaar en professioneel te zijn. Dit kan betekenen dat je duidelijke verwachtingen hebt van de klant, je aan deadlines houdt en werk van hoge kwaliteit levert.

Door een reputatie op te bouwen als een bekwame en betrouwbare freelancer of gig worker, kun je je kansen op nieuwe kansen vergroten en een succesvolle freelance of gig carrière opbouwen.

Freelance werk en gig economy jobs kunnen uitstekende alternatieven zijn voor studenten die op zoek zijn naar flexibele, snelle inkomsten. Hoewel dit soort werk problemen kan opleveren, kan het ook kansen bieden om vaardigheden op te bouwen en nuttige ervaring op te doen. Je kunt je kansen op succes in freelance werk en gig economy banen vergroten door zorgvuldig de mogelijke risico's en voordelen af te wegen en je professioneel en betrouwbaar op te stellen.

# HOOFDSTUK 2: STAPPEN OM SNEL GELD TE VERDIENEN.

In de huidige sombere economie hebben veel studenten moeite om de eindjes aan elkaar te knopen door het stijgende collegegeld en de totale uitgaven voor levensonderhoud. Het is geen geheim dat velen snelle, eenvoudige oplossingen zoeken om meer inkomen te verdienen. Ik weet dat studenten meestal bovenaan deze ranglijst staan.

In dit hoofdstuk bespreek ik een ontspannen aanpak om snel geld te verdienen die iedereen, vooral studenten, kunnen toepassen. Hiermee kunnen duizenden dollars per maand worden verdiend. Ik moet opmerken dat de strategie die ik ga beschrijven gebruikt kan worden om veel meer te verdienen dan een paar extra dollars.

Laten we meteen beginnen met deze procedure. Het mooie van deze situatie is dat we niets zullen verkopen. Wat we gaan doen is leads genereren voor bedrijven. We zullen gecompenseerd worden voor elke lead die we naar deze bedrijven sturen. We zullen geld verdienen door anderen korte formulieren in te laten vullen met andere informatie. Zo eenvoudig is het.

Deze marketingstrategie staat bekend als CPA-marketing (kosten per actie). Zoals gezegd ben ik me ervan bewust dat dit nogal eenvoudig klinkt, maar toch zijn er mensen die alleen met CPA-aanbiedingen hun brood verdienen.

Er zijn veel CPA mogelijkheden die nauw verbonden zijn met studenten. Dit betekent dat er mogelijkheden zijn om de schuld van studentenleningen te verminderen of beurzen te krijgen om te helpen bij het betalen van uitgaven. Hoe kunnen studenten hiervan profiteren?

Deze aanbiedingen worden meestal geassocieerd met een hoog conversiepercentage, wat zich vertaalt in aanzienlijke inkomsten.

De aanpak!

Eerst moet u zich inschrijven bij een CPA-bedrijf. Sommige bedrijven vereisen dat u wordt goedgekeurd voordat u hun deals promoot, maar veel meer doen dat niet. Zoek gewoon op Google naar "top CPA netwerken," en u zult vele resultaten ontdekken.

U kunt ook zoeken naar "niet-goedgekeurde CPA netwerken" of "hoe goedgekeurd te worden door een CPA netwerk". Geloof me, het is niet zo ingewikkeld. Laat je niet afschrikken door deze basisstap.

Als je eenmaal een netwerk hebt opgericht, besteed dan wat tijd aan het identificeren van deals die studenten kunnen aanspreken. Dit hoeft maar een paar tellen te duren. Zorg ervoor dat je de vergoeding onderzoekt en ervoor zorgt dat deze adequaat is. Ik zou zeggen dat alles boven de $4 zal werken.

De aanbieding die je selecteert heeft een lange en lelijke tracking link. Deze link moet worden ingekort, of met andere woorden, de lelijkheid ervan moet worden verborgen. Er zijn verschillende manieren om dit te doen, maar om u tijd en geld te besparen. Ik zal een efficiënte en kosteloze methode demonstreren.

Breng uw tracking URL naar de website bit.ly. Hier maakt u uw verbinding korter en aanlokkelijker. U kunt deze links ook aanpassen aan de CPA-aanbieding.

Maak of krijg een eenvoudige flyer om het aanbod te promoten. Zorg ervoor dat het zowel basic als aantrekkelijk is. Zorg ervoor dat u uw verkorte tracking link toevoegt bij het ontwerpen ervan. Veel gratis flyer ontwerp programma's zijn online beschikbaar, of u kunt een vriend vragen om er een voor u te maken. Als al het andere faalt, kun je naar de fantastische website van Fiverr gaan en $5 betalen om er een te maken.

Stap 5: Druk eerst minstens 100 flyers af. Je kunt je eigen printer gebruiken of het document naar een relatief goedkope drukkerij brengen.

Stap 6 is het zorgvuldig verspreiden van deze flyers op plaatsen waar mensen ze zullen zien. Een uitstekende strategie is om te wachten tot de les is afgelopen en flyers uit te delen aan elk leeg bureau. Hang ze ook op de mededelingenborden op de campus.

College studenten kunnen deze strategie gebruiken om geld te verdienen met weinig opstartkosten en tijdsbesteding. Er is een overvloed aan aanbiedingen die je kunt doen, en veel daarvan hebben lucratieve pay-per-lead tarieven. Er zijn legitieme manieren om geld te verdienen. Onderneem gewoon actie.

# CONCLUSIE.

Naast de eerder genoemde en toegelichte keuzes, zoals campus parttime banen en freelance werk, hebben studenten meer mogelijkheden om snel geld te verdienen.

Online producten of diensten verkopen is bijvoorbeeld een fantastische manier om je interesses of vaardigheden om te zetten in inkomsten. Een online winkel opzetten om handgemaakte of one-of-a-kind dingen te verkopen of je diensten aanbieden als docent, schrijver of ontwerper kan voldoende zijn.

Deelnemen aan betaalde enquêtes en focusgroepen is een tweede alternatief voor studenten. Als student kun je deelnemen aan deze kansen om extra geld te verdienen, omdat veel bedrijven graag betalen voor gedachten en inzichten van klanten.

Het verhuren van een kamer of woning op Airbnb is een ander alternatief voor studenten die snel geld willen verdienen. Als je een logeerkamer in je huis of een of ander pand hebt, gebruik je die niet vaak. Je zou extra geld kunnen verdienen door het te verhuren aan reizigers. Dit kan een uitstekende manier zijn om de huur en andere uitgaven te compenseren.

Deelnemen aan klinische proeven tegen vergoeding is een andere optie voor studenten die snel geld willen verdienen. Deze proeven zoeken vooral gezonde mensen om deel te nemen aan medisch onderzoek en compenseren je meestal voor je tijd.

Voordat je aan een klinische proef deelneemt, moet je op de hoogte zijn van de gevaren en grondig onderzoek doen naar het bedrijf of de organisatie die de proef uitvoert.

Ten slotte kunnen studenten snel geld verdienen met bijles of instructie aan anderen. Je kunt je diensten aanbieden als docent of instructeur als je gespecialiseerd bent in een bepaald gebied of een vaardigheid bezit die je anderen kunt leren. Dit kan een snelle manier zijn om extra geld te verdienen terwijl je anderen bijstaat in hun persoonlijke ontwikkeling.

Er zijn veel mogelijkheden voor studenten om snel geld te verdienen. Of je nu op zoek bent naar deeltijdwerk op de campus, de kans om te freelancen, of de mogelijkheid om online goederen of diensten te verkopen, er zijn verschillende mogelijkheden die aansluiten bij jouw interesses en vaardigheden.

Ik hoop dat dit boek nuttige informatie en motivatie heeft opgeleverd bij het overwegen van je mogelijkheden om als student extra geld te verdienen.

Managementvaardigheden voor managers.

1. Tijdmanagement voor managers
2. Werknemerscoaching voor managers
3. Teambuilding voor managers
4. Zelfvertrouwen voor managers
5. Onderhandelingsvaardigheden voor managers
6. Customer Service Vaardigheden voor Managers
7. Assertiviteit voor managers
8. Zakelijke etiquette voor managers
9. Luistervaardigheden voor managers
10. Leiderschapsvaardigheden voor managers
11. Communicatievaardigheden voor managers
12. Presentatievaardigheden voor managers
13. Stressbeheersing voor managers
14. Besluitvorming voor managers
15. Conflictbeheersing voor managers.

Serie: Financiële vrijheid op elke leeftijd.

- Financiële vrijheid bereiken in de 20
- Financiële vrijheid bereiken in de 30
- Financiële Vrijheid bereiken in uw 40er jaren
- Het bereiken van financiële vrijheid in uw 50er jaren
- Het bereiken van financiële vrijheid in uw jaren 60
- Het bereiken van financiële vrijheid in uw 70er jaren en daarna.
- Het bereiken van financiële vrijheid bij kinderen
- Het bereiken van financiële vrijheid bij tieners
- Financiële Vrijheid bereiken bij studenten.
- Financiële oplichting om op te letten bij pensionering.

Serie: Persoonlijke financiën voor jou.
- ➤ Crypto kopen en verkopen voor beginners
- ➤ Waarom beleggen in dividendaandelen zinvol is.

Serie: Rijkdom 2022.

- ➤ Online ondernemen.
- ➤ Uw eigen bedrijf starten
- ➤ Vermogensbeheer
- ➤ Passief inkomen.
- ➤ 12 stappen om een eigen bedrijf te starten.

Serie: Uitstekende klantenservice.
- ➤ Uitstekende klantenservice in de detailhandel
- ➤ Uitstekende klantenservice in fastfood
- ➤ Uitstekende klantenservice in full-service restaurants
- ➤ Uitstekende klantenservice in het onderwijs
- ➤ Uitstekende klantenservice in onroerend goed.
- ➤ Uitstekende klantenservice in een callcenter
- ➤ Uitstekende klantenservice als receptionist
- ➤ Uitstekende klantenservice in een hotel
- ➤ Uitstekende klantenservice in de verkoop.
- ➤ Uitstekende klantenservice, ongeacht de situatie.
- ➤ Uitstekende klantenservice bij de tandarts

- Uitstekende klantenservice in een medisch kantoor.

Serie: Snel geld.

- Snel geld in een week
- Snel geld verdienen in een weekend
- Snel geld in een maand
- Snel geld voor studenten.

Serie: Hoe promoten.

- Hoe uw receptenboek promoten
- Hoe uw kinderboek promoten.

Andere boeken van D.K. Hawkins.

- Hoe uw bedrijf bloeit tijdens een recessie
- Meerwaarde creëren voor klanten
- Kansen herkennen om de cashflow te verhogen.

## Auteur Bio

D.K. Hawkins. D.K. leest graag persoonlijke zakelijke boeken en brengt graag tijd buiten door. Meer boeken zullen komen in deze collectie, dus volg op Amazon voor meer boeken.

Dank u voor uw aankoop van dit boek.

Ik stel het echt op prijs en waardeer u, mijn uitstekende klant.

God zegene U.

D.K. Hawkins.

www.ingramcontent.com/pod-product-compliance
Lightning Source LLC
Chambersburg PA
CBHW050010230526
45465CB00003BB/1342